svenska för er

Lärobok i svenska som främmande språk 1

Omslag av Monica Schultz

Reviderad utgåva

Femte upplagans femte tryckning
Copyright © Sveriges Radios förlag 1973
Tryckt hos Kristianstads Boktryckeri AB, Kristianstad 1977 54487
ISBN 91-522-1363-3

svenska för er
lärobok i svenska som främmande språk 1

Siv Higelin · Bengt Svensson
Kerstin Petersson · Björn Hammarberg

Illustrerad av Monica Schultz

Sveriges Radios förlag

INTRODUKTION

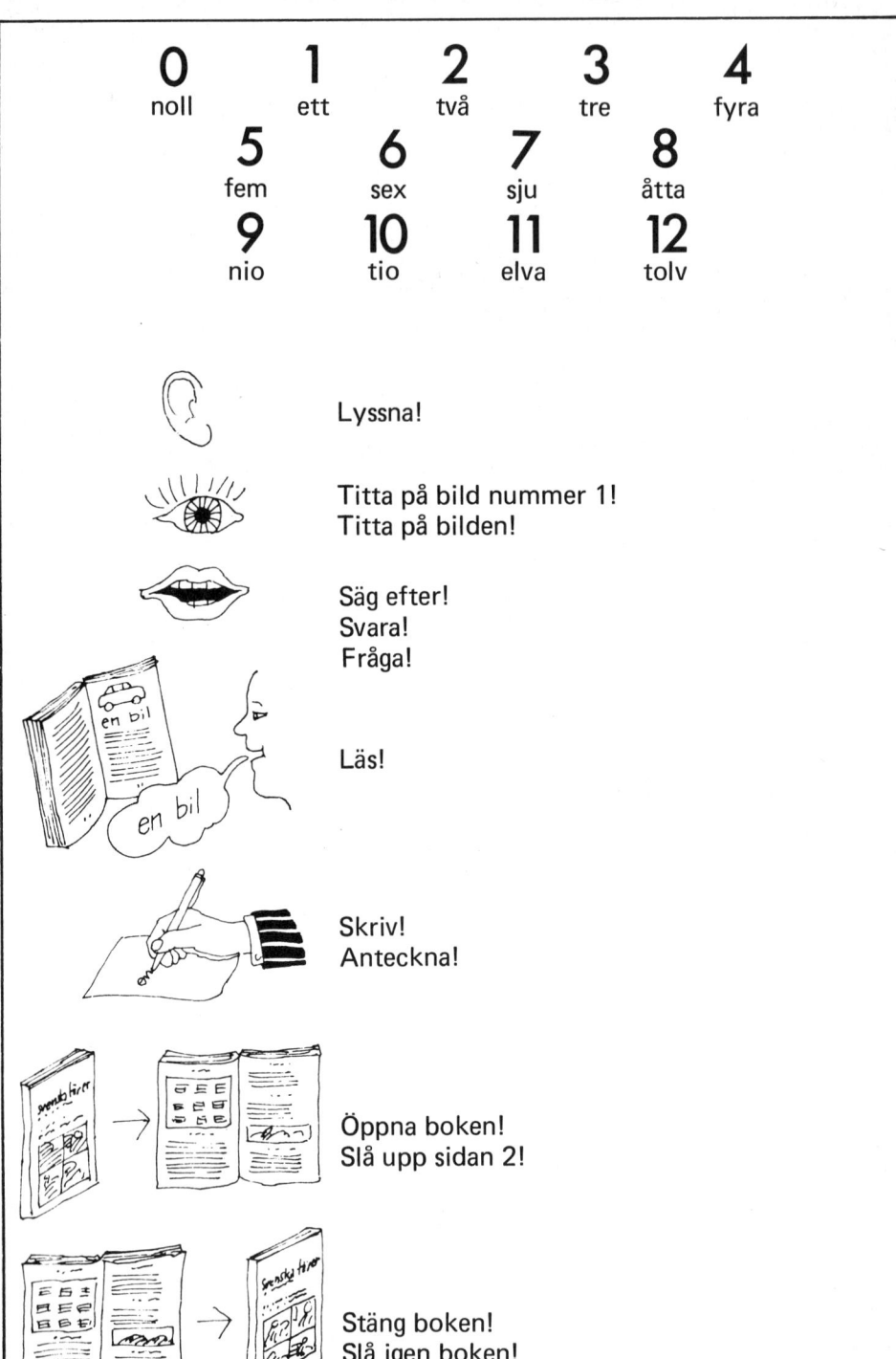

AVSNITT 1

1. Hej!
2. Goddag!
3. Jag är lärare.
4. Det här är herr Olsson.
5. Goddag. Jag heter Erik Olsson.
6. Det här är fru Molin.
7. Goddag. Jag heter Anna Molin.
8. Det här är fröken Fält.
9. Hej! Jag heter Eva Fält.
10. Det är en klocka.
11. Det är en bil.
12. Det är en gitarr.

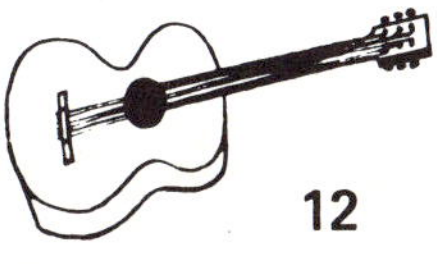

sidan ett

AVSNITT 1

Är det en klocka?	1	Ja, det är det.
Är det en bil?	2	Ja, det är det.
Är det en gitarr?	3	Ja, det är det.

Är det en bil?	4	Nej, det är en gitarr.
Är det en klocka?	5	Nej, det är en bil.
Är det en gitarr?	6	Nej, det är en klocka.

Är det en bil eller en klocka?	7	Det är en klocka.
Är det en gitarr eller en bil?	8	Det är en bil.
Är det en gitarr eller en klocka?	9	Det är en gitarr.

Vad är det?	10	Det är en klocka.
Vad är det?	11	Det är en bil.
Vad är det?	12	Det är en gitarr.

sidan två

AVSNITT 1

| Vad är det? | 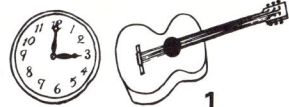 | Det är en klocka och en gitarr. |

1

| Vad är det? |  | Det är en bil och en klocka. |

2

| 3  | Det är en kopp. | 4  | Det är en kopp kaffe. |

| 5  | Det är en smörgås. | 6  | Det är en ost. |

 Det är en smörgås med ost.

7

8

Det är en krona.

9

Det är två kronor.

10

Det är tre kronor.

11

Det är fyra kronor..

12

PRISLISTA
EN KOPP KAFFE   1:—
EN KOPP TE   1:—
EN SMÖRGÅS MED OST 2:—

En kopp kaffe kostar en krona.
En kopp te kostar en krona.
En smörgås med ost kostar två kronor.

sidan tre

AVSNITT 1

text 1   Herr Jansson: Kan jag få en kopp kaffe?
🎞   Servitrisen: Varsågod.
          Herr Jansson: Tack så mycket. Hur mycket kostar det?
          Servitrisen: En krona.
          Herr Jansson: Varsågod.
          Servitrisen: Tack så mycket.

text 2   Fru Molin: Kan jag få en kopp kaffe?
🎞   Och en smörgås med ost.
          Servitrisen: En kopp kaffe och en smörgås med ost. Varsågod.
          Fru Molin: Tack så mycket. Hur mycket kostar det?
          Servitrisen: Tre kronor.
          Fru Molin: Varsågod.
          Servitrisen: Tack så mycket.

text 3   Fröken Fält: Kan jag få en kopp te?
🎞   Och en smörgås med ost.
          Herr Olsson: Och kan jag få en kopp kaffe?
          Servitrisen: Ja, tack. — En kopp te och en smörgås med ost.
                         Och en kopp kaffe. Varsågod.
          Herr Olsson: Och hur mycket kostar det?
          Servitrisen: Fyra kronor.
          Herr Olsson: Varsågod.
          Servitrisen: Tack så mycket.

sidan fyra

AVSNITT 2

1. Det är en flicka.	7. Det är ett hus.
2. Det är en pojke.	8. Det är ett barn.
3. Det är en familj.	9. Det är ett frimärke.
4. Det är en våning.	10. Det är ett brev.
5. Det är en hund.	11. Det är ett paket.
6. Det är en katt.	

12. Är det en bil? — Ja, det är det.

13. Är det ett barn? — Ja, det är det.

14. Är det en bil? — Nej, det är det inte. Det är inte någon bil. Det är en klocka.

15. Är det ett barn? — Nej, det är det inte. Det är inte något barn. Det är ett paket.

sidan fem

AVSNITT 2

Är det en pojke eller en flicka?  Det är en pojke.

Är det ett brev eller ett paket?  Det är ett brev.

Är det en våning eller ett hus?  Det är ett hus.

Det här är en klocka.

Det där är en bil.

Det här är en katt.

Det där är en hund.

Vad är det här?
Är det en hund
eller en katt?  Det är en hund.

Vad är det där?
Är det en hund
eller en katt? 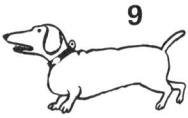 Det är också en hund.

Här är Eva.  Där är Bo.

Här är en katt.  Där är en hund.

sidan sex

AVSNITT 2

1 Det här är ett brev till Malmö.

2 Det där är ett paket till Ystad.

3 Det här är ett brev till Danmark.

4 Det där är ett paket till Finland.

5
75 öre
sjuttiofem öre

6
25 öre
tjugofem öre

7
1:50
en (krona) och femtio (öre)

8
15 kr
femton kronor

9
11 kr
elva kronor

10
ett 75-öres frimärke

text 1 Herr Olsson: Det här är ett brev till Malmö. Hur mycket kostar det?
Postexpeditören: Det kostar sjuttiofem öre.
Herr Olsson: Kan jag få ett 75-öres frimärke?
Postexp.: Varsågod.
Herr Olsson: Här är sjuttiofem öre.
Postexp.: Tack så mycket.

11

sidan sju

AVSNITT 2

text 2　Fru Molin:　　　Här är ett brev till Danmark.
　　　　　　　　　　　 Hur mycket kostar det?
　　　　Post-
　　　　expeditören:　 Det kostar sjuttiofem öre.
　　　　Fru Molin:　　 Kan jag få ett 75-öres frimärke?
　　　　Postexp.:　　　Varsågod.
　　　　Fru Molin:　　 Här är en krona.
　　　　Postexp.:　　　Tack så mycket. Här är tjugofem öre tillbaka.
　　　　Fru Molin:　　 Tack.

text 3　Fröken Fält:　 Här är ett paket till Ystad.
　　　　　　　　　　　 Hur mycket kostar det?
　　　　Post-
　　　　expeditören:　 Det kostar elva kronor.
　　　　Fröken Fält:　 Här är femton kronor. Varsågod.
　　　　Postexp.:　　　Tack. Här är fyra kronor tillbaka. Varsågod.
　　　　Fröken Fält:　 Tack så mycket.

text 4　Herr Olsson:　 Det här är ett brev till Finland.
　　　　　　　　　　　 Hur mycket kostar det?
　　　　Post-
　　　　expeditören:　 Det kostar sjuttiofem öre.
　　　　Herr Olsson:　 Och det här är ett brev till Norge.
　　　　　　　　　　　 Kostar det också sjuttiofem öre?
　　　　Postexp.:　　　Ja.
　　　　Herr Olsson:　 Här är en (krona) och femtio (öre). Varsågod.
　　　　Postexp.:　　　Tack så mycket.

sidan åtta

AVSNITT 2

1. Albanien
2. Belgien
3. Bulgarien
4. Danmark
5. England se:
    Storbritannien
6. Finland
7. Frankrike
8. Grekland
9. Holland se också:
    Nederländerna
10. Island
11. Irland
12. Italien
13. Jugoslavien
14. Nederländerna
15. Norge
16. Polen
17. Portugal
18. Rumänien
19. Schweiz
20. Sovjetunionen
21. Spanien
22. Storbritannien
23. Sverige
24. Tjeckoslovakien
25. Turkiet
26. Tyskland se:
    Västtyskland
    Östtyskland
27. Ungern
28. Västtyskland
29. Österrike
30. Östtyskland

sidan nio

AVSNITT 3

1
Vad är det här?
Det är en bil.

2
Vad är det där?
Det är också en bil.

3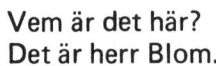
Vem är det här?
Det är herr Blom.

4
Vem är det där?
Det är fru Eklöv.

5
Det där är herr Blom.
Det där är en klocka.
Herr Blom har en klocka.

6
Det där är fröken Åman.
Det där är en hund.
Fröken Åman har en hund.

7
Det där är herr och fru Eklöv.
Det där är en bil.
Herr och fru Eklöv har en bil.

8 Han har en hund.

9 Hon har en hund.

10 De har en hund.

sidan tio

AVSNITT 3

Har han en gitarr?	 1	Ja, det har han.
Har hon ett paket?	 2	Ja, det har hon.
Har de en bil?	 3	Ja, det har de.

Har han ett brev?	 4	Nej, det har han inte. Han har inte något brev. Han har ett paket.
Har hon en hund?	 5	Nej, det har hon inte. Hon har inte någon hund. Hon har en katt.
Har de ett hus?	 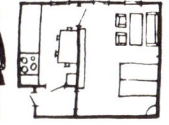 6	Nej, det har de inte. De har inte något hus. De har en våning.

Jag har en hund.  7	Jag har en hund.  8

 9 Du har en hund.	Du har en hund. 10	 11 Du har en hund.

sidan elva

AVSNITT 3

1 Vi har en hund.

2 Ni har en hund.

3 Ni har en hund.

4 Ni har en hund.

5 Har du en bil? — Ja, det har jag.

6 Har ni en bil? — Ja, det har vi.

7 Har ni en bil? — Ja, det har jag.

8 Har hon en hund? — Nej, det har hon inte. Hon har inte någon hund. Hon har ingen hund, men hon har en katt.

9 Har hon ett brev? — Nej, det har hon inte. Hon har inte något brev. Hon har inget brev, men hon har ett paket.

10 Har *hon* en gitarr? — Nej, *hon* har ingen gitarr, men *han* har en gitarr.

sidan tolv

AVSNITT 3

text 1

Det här är herr och fru Jansson. Han heter Börje Jansson, och hon heter Ulla Jansson. De har ett hus i Västerås. De har två barn, en pojke och en flicka. Han heter Ulf, och hon heter Anita. Ulf är ett år, och Anita är fem år. Herr Jansson är trettiofem år, och fru Jansson är trettio år. De har en gammal bil. De har en hund, men de har ingen katt.

ett kilo + tio hekto = två kilo

pounds
ounces

text 2

Fru Jansson:	Har ni ost?
Expediten:	Ja, det har vi.
Fru Jansson:	Hur mycket kostar ett kilo?
Expediten:	Tjugo kronor.
Fru Jansson:	Kan jag få fyra hekto?
Expediten:	Ja, tack. — Varsågod. Något annat?
Fru Jansson:	Kan jag få två kilo potatis också?
Expediten:	Två kilo potatis. — Varsågod. Något annat?
Fru Jansson:	Nej, det är bra så. Hur mycket blir det?
Expediten:	Det blir tolv kronor.
Fru Jansson:	Varsågod.
Expediten:	Åtta krohor tillbaka. Varsågod.
Fru Jansson:	Tack så mycket. Adjö.

AVSNITT 3

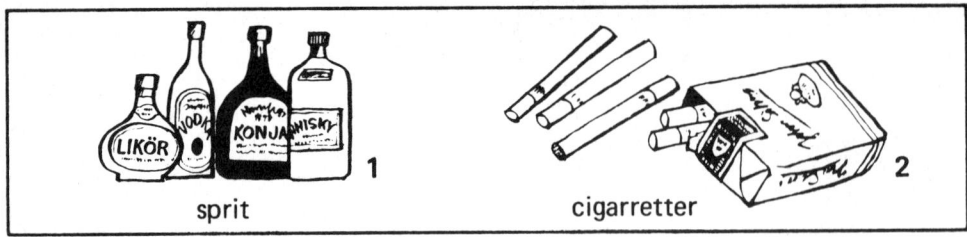

text 3

Tullmannen:	Har ni någon sprit?
Herr Bodin:	Nej, jag har ingen sprit.
Tullmannen:	Har ni någon tobak?
Herr Bodin:	Ja, jag har cigarretter.
Tullmannen:	Hur många cigarretter har ni?
Herr Bodin:	Hundra.
Tullmannen:	Har ni någon hund eller katt?
Herr Bodin:	Nej, det har jag inte.
Tullmannen:	Har ni något annat att deklarera?
Herr Bodin:	Nej, jag har inget annat.
Tullmannen:	Det är bra. Varsågod.

text 4

Det här är Bo Ek och Eva Nyman. Han är 25 år, och hon är 20 år.
Bo har en våning i Stockholm. Han har en gammal bil och en gitarr.
Eva har också en gitarr. Hon har en katt, men hon har inte någon hund.

sidan fjorton

AVSNITT 4

1. Herr Hedman har en klocka.	2. Det här är herr Hedmans klocka.
3. Fru Hedman har ett paket.	4. Det här är fru Hedmans paket.
5. Fröken Hedman har en cykel.	6. Det här är fröken Hedmans cykel.
7. Bo har ett paket.	8. Det här är Bos paket.
9. Eva har en bil.	10. Det här är Evas bil.

11. Han har en gitarr. Det är hans gitarr.

12. Hon har en hund. Det är hennes hund.

13. De har en bil. Det är deras bil.

sidan femton

AVSNITT 4

Det här är ett brev till herr Åke Olsson
Hans förnamn är Åke.
Hans efternamn är Olsson.
Hans adress är Storgatan 15, Västerås.
Han bor på Storgatan 15 i Västerås.

Det här är ett paket till fru Eva Palm.
Hennes förnamn är Eva.
Hennes efternamn är Palm.
Hennes adress är Nygatan 100, Ystad.
Hon bor på Nygatan 100 i Ystad.

Det här är ett brev till herr och fru Ek.
Deras efternamn är Ek.
Hans förnamn är Jan.
Hennes förnamn är Lisa.
Deras adress är Skolvägen 40, Örebro.
De bor på Skolvägen 40 i Örebro.

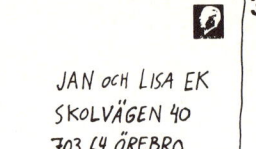

A: Har du en bil?
B: Ja, det har jag.

A: Är det din bil?
B: Ja, det är min bil.

A: Har ni en bil?
B: Ja, det har vi.

A: Är det er bil?
B: Ja, det är vår bil.

A: Har du ett hus?
B: Ja, det har jag.

A: Är det ditt hus?
B: Ja, det är mitt hus.

A: Har ni ett hus?
B: Ja, det har vi.

A: Är det ert hus?
B: Ja, det är vårt hus.

sidan sexton

AVSNITT 4

A: Vems bil är det där?
B: Det är min bil.

A: Vems hus är det där?
B: Det är mitt hus.

1

Det här är herr Eriksson.

Herr Eriksson:
Jag heter Bengt Eriksson. Mitt förnamn är Bengt och mitt efternamn är Eriksson. Min adress är Skolgatan 15, Malmö. Jag bor på Skolgatan 15 i Malmö.

2

Det här är fröken Lund.

Fröken Lund:
Jag heter Anna Lund. Mitt förnamn är Anna och mitt efternamn är Lund. Min adress är Parkvägen 100, Uppsala. Jag bor på Parkvägen 100 i Uppsala.

3

4

text 1   Herr och fru Eriksson träffar fröken Lund.

Herr Eriksson: Goddag, fröken Lund.
Fröken Lund: Goddag.
Herr Eriksson: Det här är fröken Lund. Och det här är min fru.
Fröken Lund: Goddag, fru Eriksson.
Fru Eriksson: Goddag.

sidan sjutton

AVSNITT 4

text 2

Fru Nilsson:	Vem är det där? Är det din man?
Fru Jansson:	Nej, det är min pappa.
Fru Nilsson:	Jaså. Är det här din man då?
Fru Jansson:	Nej, det är min bror. Och det här är hans fru.
Fru Nilsson:	Jaså. Här är en flicka. Är det er flicka?
Fru Jansson:	Ja, det är vår flicka. Och det här är vår pojke.
Fru Nilsson:	Jaha. Och det här då? Är det du?
Fru Jansson:	Nej, det är min syster. Och det här är hennes man och deras barn.
Fru Nilsson:	Jaså. Och det här då? Är det din mamma?
Fru Jansson:	Nej, det är jag!

text 3

Herr Ek är på en bank. Han ska ta ut åttahundra kronor. Han har en check.

Herr Ek:	Varsågod.
Bankmannen:	Har ni någon legitimation?
Herr Ek:	Här är mitt pass.
Bankmannen:	Tack. — Vill ni skriva ert namn här. (Herr Ek skriver.)
Herr Ek:	Så där ja!
Bankmannen:	Tack. — Åttahundra kronor. Varsågod. Och här är ert pass.
Herr Ek:	Tack så mycket.

sidan arton

AVSNITT 5

1
Han har en gitarr.
Han spelar gitarr.

2
Hon har en radio.
Hon lyssnar på radio.
Hon spelar inte gitarr.

3
De har en tv.
De tittar på tv.
De lyssnar inte på radio.

A: Spelar han gitarr eller tittar han på tv?
B: Han spelar gitarr.

4

A: Tittar hon på tv eller lyssnar hon på radio?
B: Hon lyssnar på radio.

5

A: Lyssnar de på radio eller tittar de på tv?
B: De tittar på tv.

6

Vad gör han? — Han spelar gitarr.

7

Vad gör hon? — Hon lyssnar på radio.

8

Vad gör de? — De tittar på tv.

9

10
A: Kan han spela gitarr?
B: Ja, det kan han.
   Han kan spela gitarr.

11
A: Kan hon spela gitarr?
B: Nej, det kan hon inte.
   Hon kan inte spela gitarr.

sidan nitton

AVSNITT 5

A: Kan hon lyssna på radio?
B: Ja, det kan hon.
 Hon kan lyssna på radio.
 Hon har en radio.
A: Kan hon titta på tv?
B: Nej, det kan hon inte.
 Hon kan inte titta på tv.
 Hon har ingen tv.

A: Kan de titta på tv?
B: Ja, det kan de.
 De kan titta på tv.
 De har en tv.
A: Kan de lyssna på radio?
 Nej, det kan de inte.
 De kan inte lyssna på radio.
 De har ingen radio.

A: Vad gör han?
B: Han talar engelska.
A: Varifrån är han?
B: Han är från England.

A: Vad gör hon?
B: Hon talar finska.
A: Varifrån är hon?
B: Hon är från Finland.

A: Vad gör de?
B: De talar svenska.
A: Varifrån är de?
B: De är från Sverige.

sidan tjugo

AVSNITT 5

Det här är herr Ask. Han är bilmekaniker.
Han arbetar på en bilverkstad.

Det här är herr Bengtsson. Han är kock.
Han arbetar på en restaurang.

Det här är fru Ceder. Hon är servitris.
Hon arbetar också på en restaurang.

Det här är doktor Danell. Han är läkare.
Han arbetar på ett sjukhus.

Det här är fröken Ekman. Hon är sjuksköterska.
Hon arbetar också på ett sjukhus.

A: Arbetar herr Ask på en bilverkstad eller på en restaurang?
B: Han arbetar på en bilverkstad.

A: Arbetar fru Ceder på en restaurang eller på ett sjukhus?
B: Hon arbetar på en restaurang.

A: Var arbetar herr Bengtsson?
B: Han arbetar på en restaurang.

A: Var arbetar fröken Ekman?
B: Hon arbetar på ett sjukhus.

A: Hur står det till?
B: Tack, bra. Hur står det till själv?
A: Tack, bara bra.

A: Hur står det till?
B: Tack, inget vidare. Jag har ont i halsen.

AVSNITT 5

1. Herr Ask hostar.

2. Herr Ask gapar och doktor Ek tittar i halsen.

3. Doktor Ek lyssnar på hjärtat.

text 1

Herr Ask är sjuk. Han har ont i halsen och hostar mycket. Han talar med doktor Ek. Doktor Ek arbetar på ett sjukhus i Stockholm.

Doktor Ek: Goddag, herr Ask. Varsågod och sitt.
Herr Ask: Tack.
Doktor Ek: Hur står det till?
Herr Ask: Tack, inget vidare. Jag har ont i halsen och jag hostar mycket.
Doktor Ek: Jaha. Jag ska titta i halsen. Kan ni gapa och säga »aah»?
(Doktor Ek tittar i halsen och herr Ask gapar.)
Herr Ask: Aaaah.
Doktor Ek: Ja, tack. Jag ska lyssna på hjärtat också. (Doktor Ek lyssnar på hjärtat.) Ja, tack. – Kan ni hosta? (Herr Ask hostar.) Kan ni hosta en gång till? (Herr Ask hostar en gång till.) – Andas. (Herr Ask andas.) Kan ni andas djupt? (Herr Ask andas djupt.) Ja, tack, det är bra så.
(Doktor Ek skriver ett recept på hostmedicin.)
Doktor Ek: Här är ett recept på hostmedicin. Varsågod.
Herr Ask: Tack så mycket. Adjö.
Doktor Ek: Adjö.

4.

5.

text 2

Det här är John. Han är trettio år. Han har en våning i Stockholm. Hans adress är Storgatan 100.

John har en gammal bil. Hans bil är från England. John är också från England. Han talar engelska, men han kan också tala svenska.

John arbetar på en restaurang. Han är inte kock – han spelar gitarr i en orkester. Han spelar bra. Han kan också spela piano.

ett piano

sidan tjugotvå

AVSNITT 6

Hur mycket är klockan?

 **1** Klockan är ett.	 **2** Klockan är två.	 **3** Klockan är tre.
 **4** Klockan är fyra.	 **5** Klockan är fem.	 **6** Klockan är sex.
 **7** Klockan är sju.	 **8** Klockan är åtta.	 **9** Klockan är nio.
 **10** Klockan är tio.	 **11** Klockan är elva.	 **12** Klockan är tolv.

Hur mycket är klockan?

 **13** Klockan är halv ett. 0.30 12.30	 **14** Klockan är halv fem. 4.30 16.30	 **15** Klockan är halv nio. 8.30 20.30

13	tretton	17	sjutton	21	tjugoen, tjugoett
14	fjorton	18	arton	22	tjugotvå
15	femton	19	nitton	23	tjugotre
16	sexton	20	tjugo	24	tjugofyra

sidan tjugotre

AVSNITT 6

Herr Fransson arbetar från klockan sju till klockan fyra.

Fru Gran arbetar från klockan halv tio
till klockan sex.

Herr Holm arbetar mellan klockan halv elva
och klockan halv åtta.

Fröken Isaksson arbetar mellan klockan halv ett
och klockan nio.

Herr Johansson arbetar från klockan åtta
till klockan fyra.

Han börjar arbeta klockan åtta
och slutar arbeta klockan fyra.

Fru Kvist arbetar mellan klockan nio
och klockan fem.

Hon börjar arbeta klockan nio
och slutar arbeta klockan fem.

måndag tisdag onsdag torsdag fredag

lördag söndag

sidan tjugofyra

AVSNITT 6

igår = yesterday

Det är tisdag idag.
Herr Molin arbetar idag.

Det är onsdag i morgon. tomorrow
Herr Molin ska arbeta i morgon också.

A: Vad gör han idag?
B: Han spelar fotboll.

A: Vad ska han göra på lördag?
B: Han ska spela fotboll på lördag.

A: Vad ska han göra på söndag?
B: Han ska spela fotboll på söndag också.

A: Hur mycket är klockan nu?
B: Klockan är halv tolv nu.
A: Vad gör hon nu?
B: Hon lagar mat.

A: Vad ska hon göra klockan fem?
B: Hon ska laga mat klockan fem också.

A: Arbetar hon idag?
B: Ja, det gör hon.
 Hon arbetar idag.
 Hon är inte ledig.

A: Arbetar han idag?
B: Nej, det gör han inte.
 Han arbetar inte idag.
 Han är ledig.

Det är morgon.

Det är kväll.

sidan tjugofem

AVSNITT 6

Det ringer på telefonen.   De träffas vid Stadion halv två

text 1

Det är lördag. Herr Olsson är ledig. Han tittar på tv. Det ringer på telefonen.

Herr Olsson:	15 35 12.
Herr Palm:	Hej, det är Lasse.
Herr Olsson:	Hej, Lasse. Hur mår du?
Herr Palm:	Tack, bara bra. Och du då?
Herr Olsson:	Jag har lite ont i halsen. Men annars är det bra.
Herr Palm:	Jag ska titta på fotboll i morgon. Vill du gå med?
Herr Olsson:	Ja, gärna. När börjar det?
Herr Palm:	Det börjar klockan två.
Herr Olsson:	Det är bra. Ska vi träffas vid Stadion klockan halv två?
Herr Palm:	Ja, det kan vi göra.
Herr Olsson:	Bra. I morgon halv två alltså.
Herr Palm:	Ja. Hej då.
Herr Olsson:	Hej, hej.

text 2

Det är måndag. Klockan är åtta. Fru Rosén lyssnar på radio. Det ringer på telefonen.

Fru Rosén:	Rosén.
Fru Stark:	Hej, det är Karin.
Fru Rosén:	Hej, Karin. Hur mår du?
Fru Stark:	Tack, det är bara bra. Och hur mår ni då?
Fru Rosén:	Jag och min man mår bra. Men vår flicka är sjuk. Hon hostar och har ont i halsen.
Fru Stark:	Så synd att hon är sjuk. — Jag ska gå på bio i kväll. Kan du gå med?
Fru Rosén:	Nej, jag kan inte gå ifrån Maria. Min man arbetar i kväll.
Fru Stark:	Kan du gå med på bio på fredag kväll?
Fru Rosén:	Ja, fredag är bra. Då är min man hemma.
Fru Stark:	Då ringer jag på torsdag kväll. Hälsa din man och Maria.
Fru Rosén:	Ja, tack.
Fru Stark:	Ja, hej då.
Fru Rosén:	Hejsan.

sidan tjugosex

AVSNITT 7

0	noll		20	tjugo
1	en, ett		21	tjugoen, tjugoett
2	två		22	tjugotvå
3	tre		23	tjugotre
4	fyra		24	tjugofyra
5	fem		25	tjugofem
6	sex		26	tjugosex
7	sju		27	tjugosju
8	åtta		28	tjugoåtta
9	nio		29	tjugonio
10	tio		30	trettio
11	elva		31	trettioen, trettioett
12	tolv		32	trettiotvå
13	tretton		40	fyrtio
14	fjorton		41	fyrtioen, fyrtioett
15	femton		50	femtio
16	sexton		60	sextio
17	sjutton		70	sjuttio
18	arton		80	åttio
19	nitton		90	nittio

100	(ett)hundra
200	tvåhundra
1 000	(ett)tusen
2 000	tvåtusen
100 000	(ett)hundra tusen
200 000	tvåhundra tusen
1 000 000	en miljon
2 000 000	två miljoner
1 000 000 000	en miljard
2 000 000 000	två miljarder

sidan tjugosju

AVSNITT 7

1
Det här är en klocka.
Klockan kostar tvåhundra kronor.

2
Det här är en radio.
Radion kostar trehundra kronor.

3
Det här är ett frimärke.
Frimärket kostar sjuttiofem öre.

4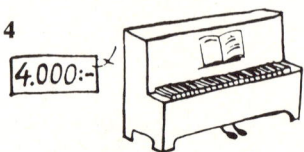
Det här är ett piano.
Pianot kostar fyratusen kronor.

5
Det här är en bil.
Bilen kostar femtontusen kronor.

6
Det här är en smörgås.
Smörgåsen kostar två kronor.

7
Det här är ett glas.
Glaset kostar fyra kronor.

8
Det här är ett bord.
Bordet kostar (ett)hundra kronor.

9
en penna

A: Hur mycket kostar pennan?
B: Den kostar två kronor.

10
en bok

A: Hur mycket kostar boken?
B: Den kostar tjugo kronor.

11
ett häfte

A: Hur mycket kostar häftet?
B: Det kostar två kronor.

12
ett papper

A: Hur mycket kostar papperet?
B: Det kostar fem öre.

sidan tjugoåtta

AVSNITT 7

Här är en klocka.
Den här klockan kostar mycket.
Den kostar fyrahundra kronor.
Den är dyr.
Det är en dyr klocka.

Där är en annan klocka.
Den där klockan kostar lite.
Den kostar bara fyrtio kronor.
Den är billig.
Det är en billig klocka.

Här är ett bord.
Det här bordet kostar mycket.
Det kostar trehundra kronor.
Det är dyrt.
Det är ett dyrt bord.

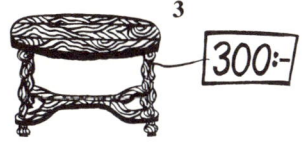

Där är ett annat bord.
Det där bordet kostar lite.
Det kostar bara trettio kronor.
Det är billigt.
Det är ett billigt bord.

5. 400:–   Den här klockan kostar fyrahundra kronor.
       Den är mycket dyr.   Den är inte alls billig.

6. 300:–   Den här klockan kostar trehundra kronor.
       Den är ganska dyr.   Den är inte så billig.

7. 100:–   Den här klockan kostar (ett)hundra kronor.
       Den är inte så dyr.   Den är ganska billig.

8. 40:–   Den här klockan kostar fyrtio kronor.
       Den är inte alls dyr.   Den är mycket billig.

9. 300:–   Det här bordet kostar trehundra kronor.
       Det är mycket dyrt.   Det är inte alls billigt.

10. 200:–   Det här bordet kostar tvåhundra kronor.
       Det är ganska dyrt.   Det är inte så billigt.

11. 80:–   Det här bordet kostar åttio kronor.
       Det är inte så dyrt.   Det är ganska billigt.

12. 30:–   Det här bordet kostar trettio kronor.
       Det är inte alls dyrt.   Det är mycket billigt.

sidan tjugonio

AVSNITT 7

text 1

Fru Werner ska ringa till fröken Mårtensson.
Hon lyfter luren och slår ett nummer.

Hon lyfter luren.

Herr Larsson:	63 74 89.
Fru Werner:	Kan jag få tala med fröken Mårtensson?
Herr Larsson:	Det finns ingen fröken Mårtensson här.
Fru Werner:	Är det inte 63 74 98?
Herr Larsson:	Nej, det här är 63 74 89.
Fru Werner:	Åh, förlåt!
Herr Larsson:	För all del.

Fru Werner lägger på luren.

Hon lägger på luren.

text 2

Herr Nordin:	Goddag. Kan jag få låna telefonen?
Expediten:	Ja visst. Telefonhytten är där.
Herr Nordin:	Tack så mycket.
Expediten:	Vad får det lov att vara?
Fru Karlsson:	Jag ska be att få en chokladkaka.
	— Jag tar den där.
Expediten:	Ja, tack.
Fru Karlsson:	Kan jag få en kvällstidning också. Kvällskuriren.
Expediten:	Varsågod. Något annat?
Fru Karlsson:	Nej tack, det är bra så.
Expediten:	Det blir 2: 50 (två och femtio).
Fru Karlsson:	Varsågod.
Expediten:	Tack. — Två och femtio, tre, fyra och fem kronor.
Fru Karlsson:	Tack.

en chokladkaka

sidan trettio

AVSNITT 7

Herr Nordin kommer ut från telefonhytten.

Herr Nordin:	Jag ska be att få ett vykort också.
	— Det där, tack.
Expediten:	Varsågod.
Herr Nordin:	Och ett 65-öres frimärke.
Expediten:	Varsågod. Något annat?
Herr Nordin:	Nej tack, det är bra så.
	Hur mycket blir det?
Expediten:	Trettiofem öre för telefonsamtalet, sextio öre för vykortet och sextiofem öre för frimärket — en och sextio.
Herr Nordin:	Varsågod.
Expediten:	Tack, tack.

Han kommer ut från telefonhytten.

text 3

Fröken Fors:	Goddag. Jag skulle vilja ha en kulspetspenna.
Expediten:	Jaha. Här har vi en mycket bra penna. Den kostar 9: 75.
Fröken Fors:	Åh, kostar den så mycket? Har ni ingen billig penna?
Expediten:	Här är en annan penna. Den är också mycket bra. Den kostar bara 2: 35.
Fröken Fors:	Den tar jag. Kan ni växla femtio kronor?
Expediten:	Ja, det går bra. Två och trettiofem, tre, fyra och fem kronor. Tio, tjugo, trettio, fyrtio och femtio kronor. Varsågod.
Fröken Fors:	Tack. Adjö.

en kulspetspenna

AVSNITT 8

A: Vad ska du göra?
B: Jag ska öppna fönstret.

A: Vad ska du göra?
B: Jag ska stänga dörren.

A: Vad gör du?
B: Jag öppnar fönstret.

A: Vad gör du?
B: Jag stänger dörren.

A: Vad gör han?
B: Han ringer till fru Borg.

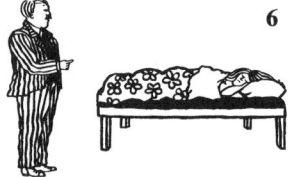

A: Vad gör hon?
B: Hon sover.

A: Vad gör de?
B: De bygger ett hus.

Han möter fru Asp vid järnvägsstationen.

Hon köper en tidning.

De röker.
Han röker pipa och hon röker en cigarrett.

Han ligger och läser en bok.

Hon sitter och skriver ett brev.

Han äter en smörgås och hon dricker en kopp kaffe.

sidan trettiotvå

AVSNITT 8

1 en buss
2 en båt
3 ett tåg
4 De åker buss.
5 De åker båt.
6 De åker tåg.
7 ett flygplan
8 De flyger.

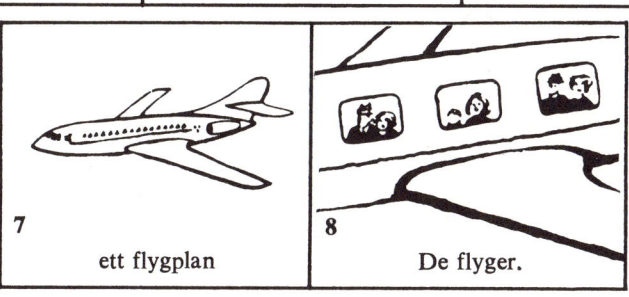

Göteborg–Kil–Falun–Gävle	
Tabell 52 i Sveriges Kommunikationer	
	▲ ✕
fr Göteborg C	16 00
fr Trollhättan	16 52
fr Uddevalla C	15 48
fr Åmål	18 00
fr Säffle	18 13
t Kil	18 50
t Karlstad C	19 16
fr Karlstad C	18 21
fr Kil	19 00
t Hällefors	20 16
t Grängesberg C	21 00

Jag är i Göteborg.
Jag ska åka till Grängesberg.
Jag åker från Göteborg klockan fyra.
Jag åker från Åmål klockan sex.
Jag åker från Kil klockan sju.
Jag kommer till Grängesberg klockan nio.
Jag köper en enkel biljett.
Biljetten kostar etthundratjugosex kronor.

Han åker från Malmö till Eslöv
klockan tio idag.
Han kommer till Eslöv halv elva.
Han ska åka tillbaka till Malmö
klockan två i morgon.
Han köper en tur-och-retur-biljett.
Biljetten kostar sexton kronor.

sidan trettiotre

AVSNITT 8

text 1 🔘🔘 PÅ JÄRNVÄGSSTATIONEN

Vi är på Malmö Central. Klockan är halv tio.
Fru Johansson står vid biljettluckan.

Fru Johansson:	En tur och retur Eslöv.
Biljett- expeditören:	Jaha. Det blir 16 kronor. Varsågod.
Fru Johansson:	Tack. — När går nästa tåg?
Biljettexp.:	Det går ett tåg klockan tio.
Fru Johansson:	Hur mycket är klockan nu?
Biljettexp.:	Halv tio.
Fru Johansson:	Det är bra. Då hinner jag dricka en kopp kaffe och äta en smörgås. — Jag ska bara stanna i Eslöv ett par timmar. Går det något tåg tillbaka idag?
Biljettexp.:	Ja, det går ett tåg från Eslöv klockan två.
Fru Johansson:	När kommer det till Malmö?
Biljettexp.:	Halv tre.
Fru Johansson:	Tack så mycket.

text 2 🔘🔘 PÅ RESEBYRÅN

Börje Källberg bor i Uppsala. Han ska åka till Norge på fredag. Det är måndag idag. Klockan är elva. Herr Källberg går in på en resebyrå. Han ska köpa biljetter.

Resebyråmannen:	Goddag. Vad kan jag stå till tjänst med?
Herr Källberg:	Goddag. Jag ska åka till Oslo. Kan jag köpa biljetter här?
Resebyråmannen:	Ja, det går bra. När ska ni åka?
Herr Källberg:	På fredag kväll. Går det något tåg till Oslo då?
Resebyråmannen:	Ja, det går ett tåg från Stockholm klockan tio på kvällen. Ni kan åka från Uppsala klockan åtta och byta i Stockholm.
Herr Källberg:	Finns det sovvagn på tåget?
Resebyråmannen:	Ja visst. Vill ni åka första klass eller andra klass? En sovplatsbilejtt i första klass kostar 32 kronor och en i andra klass kostar 21 kronor.
Herr Källberg:	Jag tar andra klass.

sidan trettiofyra

AVSNITT 9

Till vänster ligger en restaurang.   Till höger ligger ett hotell.

Restaurangen ligger
till vänster om
banken.

Banken ligger i mitten.

Hotellet ligger
till höger om banken.

Banken ligger mellan
restaurangen och hotellet.

Hotellet ligger
bredvid banken.

Restaurangen ligger
bredvid banken.

Banken ligger bredvid restaurangen.

Banken ligger bredvid hotellet.

Hotellet ligger
i hörnet av Nygatan
och Parkvägen.

Vilken restaurang ligger bredvid banken?   Restaurang "Svea" ligger bredvid banken.

Vilket hotell ligger bredvid banken?   "Grand Hotell" ligger bredvid banken.

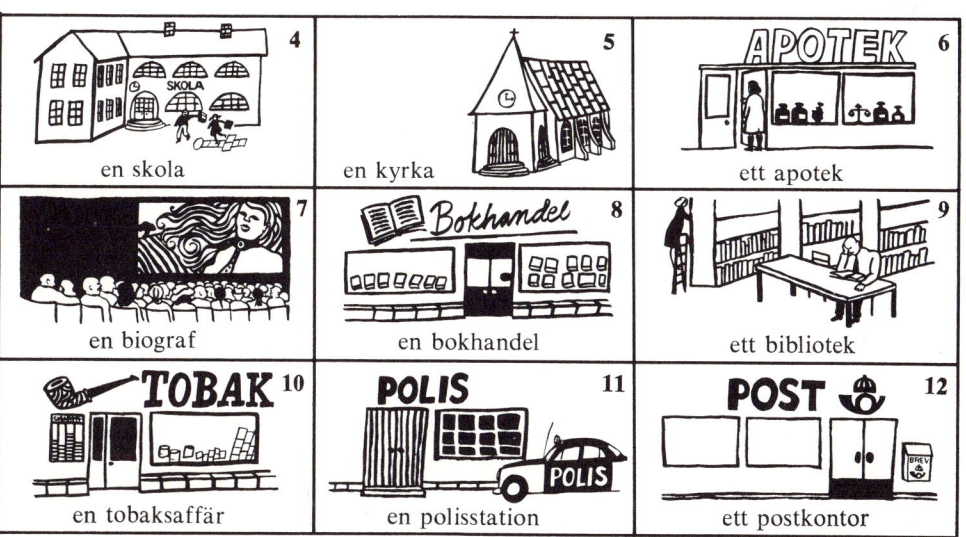

sidan trettiofem

AVSNITT 9

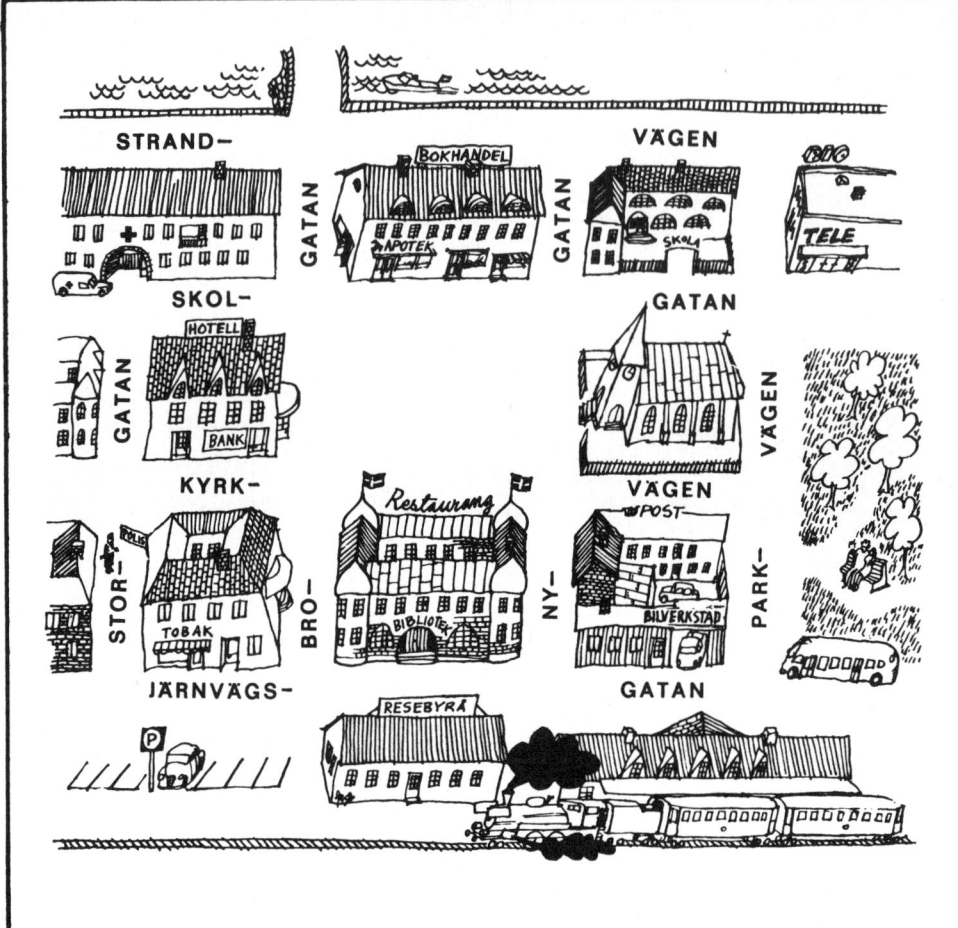

text 1 🔘🔘 EN STAD I SVERIGE

Det här är en karta över en stad i Sverige. I mitten kan vi se ett torg. Till vänster ligger ett hotell och en bank. Till höger ligger en kyrka. Vi kan också se en restaurang och ett apotek vid torget. Till vänster om apoteket ligger ett sjukhus. Till höger om apoteket kan vi se en skola. Bredvid skolan ligger en biograf.

På Strandvägen ligger ett sjukhus, en bokhandel, en skola och en biograf. På Järnvägsgatan ligger en tobaksaffär, ett bibliotek, en bilverkstad, en resebyrå, en järnvägsstation och en park. På en bänk i parken sitter Lars Andersson och Eva Sjöberg. Parken ligger mellan biografen och järnvägsstationen. I hörnet av Storgatan och Kyrkvägen ligger en polisstation. Bredvid polisstationen kan vi se en polis. I hörnet av Kyrkvägen och Parkvägen ligger ett postkontor.

Vid järnvägsstationen står en buss. Bussen ska gå till sjukhuset. Bussen går Parkvägen rakt fram till Skolgatan. Den går till vänster. Den stannar i hörnet av Skolgatan och Nygatan. Bussen går sedan Nygatan till höger. Den går sedan Strandvägen till vänster och stannar vid bron i hörnet av Brogatan och Strandvägen.

sidan trettiosex

AVSNITT 9

text 2 🔘🔘   VID JÄRNVÄGSSTATIONEN

A: Finns det någon bokhandel här?
B: Ja, det finns en vid Strandvägen.
A: Hur ska jag gå för att komma dit?
B: Ni kan gå Parkvägen rakt fram till Strandvägen. Sedan tar ni till vänster. Bokhandeln ligger på andra sidan Nygatan.
A: Tack så mycket.
B: Ingen orsak.

text 3 🔘🔘   VID BRON

C: Förlåt, var ligger postkontoret?
D: Det ligger i hörnet av Kyrkvägen och Parkvägen.
C: Hur ska jag gå för att komma dit?
D: Ni kan gå Strandvägen och ta till höger vid Parkvägen. Men ni kan också gå Brogatan till torget och gå snett över torget. Då kommer ni direkt till postkontoret.
C: Tack så mycket.
D: För all del.

text 4 🔘🔘   VID BIBLIOTEKET

Fru Fors: Förlåt, var ligger sjukhuset?
Polisen: Det ligger i hörnet av Brogatan och Strandvägen. Det tar bara ett par minuter att gå dit.
Fru Fors: Jag har ont i foten och kan inte gå. Går det någon buss till sjukhuset?
Polisen: Ja, ni kan ta buss nummer fyra. Den stannar här vid biblioteket.
Fru Fors: Jaså. Tack så mycket då.
Polisen: Ingen orsak.

AVSNITT 10

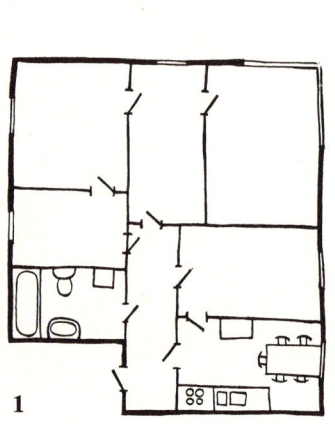

1

2

Herr och fru Källman har en stor våning.
De har en våning på fem rum och kök.
De har också ett stort badrum.

Fröken Sjövall har en liten våning.
Hon har en våning på ett rum och kök.
Hon har också ett litet badrum.

Möbler

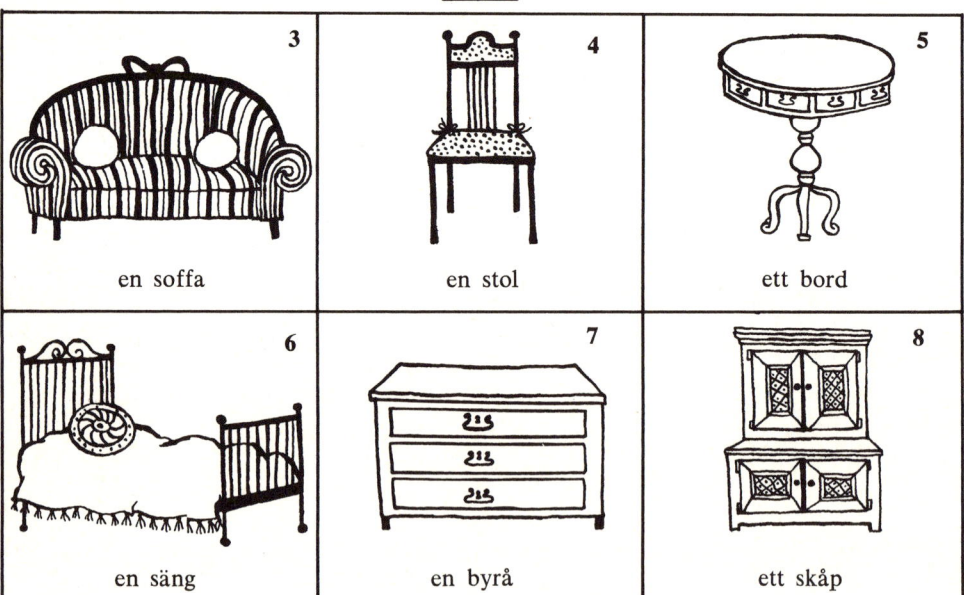

3 en soffa

4 en stol

5 ett bord

6 en säng

7 en byrå

8 ett skåp

sidan trettioåtta

text 1

AVSNITT 10
KERSTIN SKÖLDS RUM

Det här är Kerstin Skölds rum.
Kerstin har en säng, en stol,
en byrå, en lampa, en matta,
en klocka och ett bord i rummet.
Det finns en säng, en stol, en
byrå, en lampa, en matta,
en klocka och ett bord i rummet.
Till vänster kan vi se en byrå.
Det finns en klocka över byrån.
Till höger har Kerstin en säng.
Vi kan se en lampa över sängen.
Det finns ett bord och en stol
mellan byrån och sängen.
Det finns en matta under bordet
och stolen.

Byrån står till vänster.
Klockan hänger över byrån.
Mattan ligger under bordet.
Bordet står på mattan.

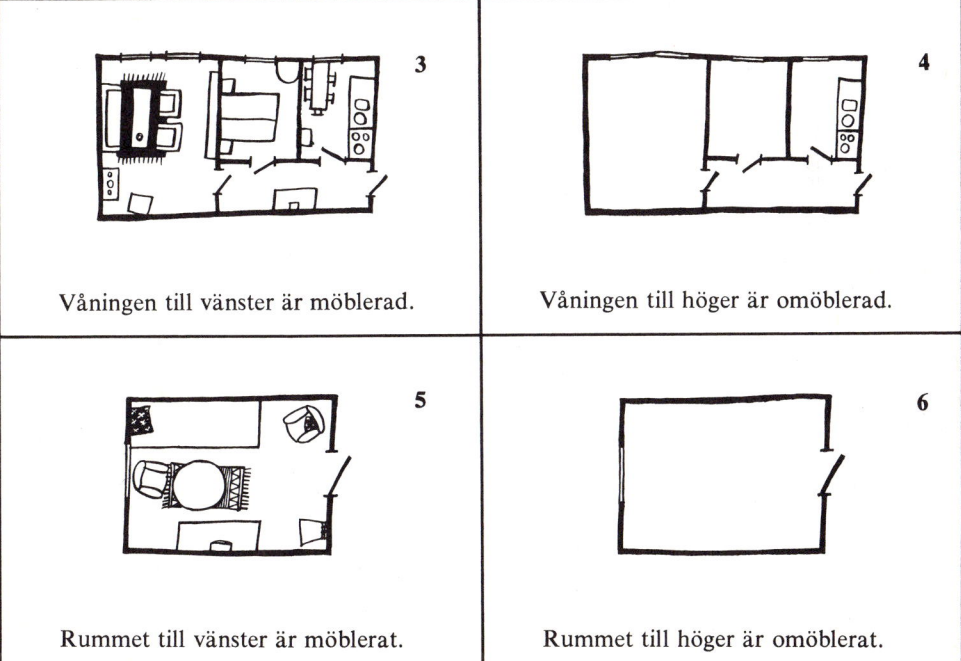

Våningen till vänster är möblerad.

Våningen till höger är omöblerad.

Rummet till vänster är möblerat.

Rummet till höger är omöblerat.

(se sidan 93)

AVSNITT 10

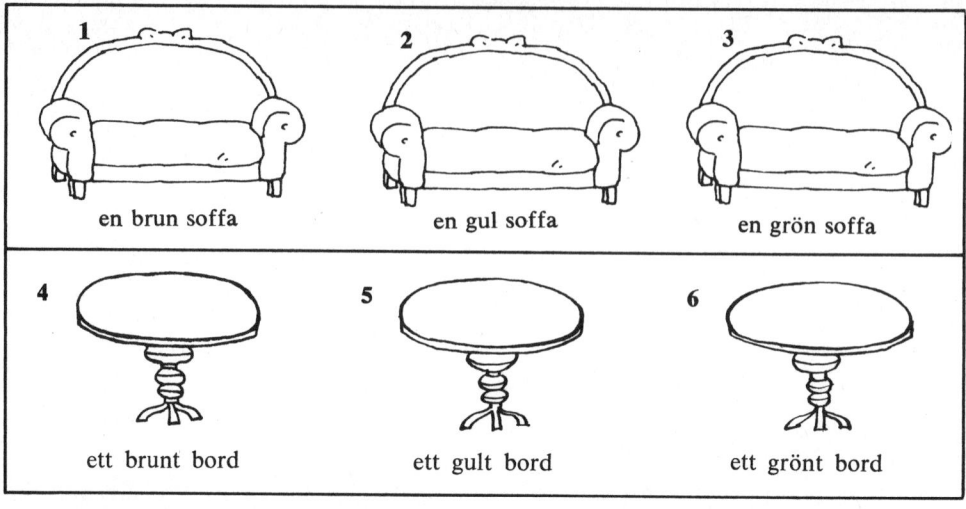

| 1 en brun soffa | 2 en gul soffa | 3 en grön soffa |
| 4 ett brunt bord | 5 ett gult bord | 6 ett grönt bord |

| 7 en lampa | 8 två lampor | 11 ett bord | 12 två bord |
| 9 en klocka | 10 två klockor | 13 ett skåp | 14 två skåp |

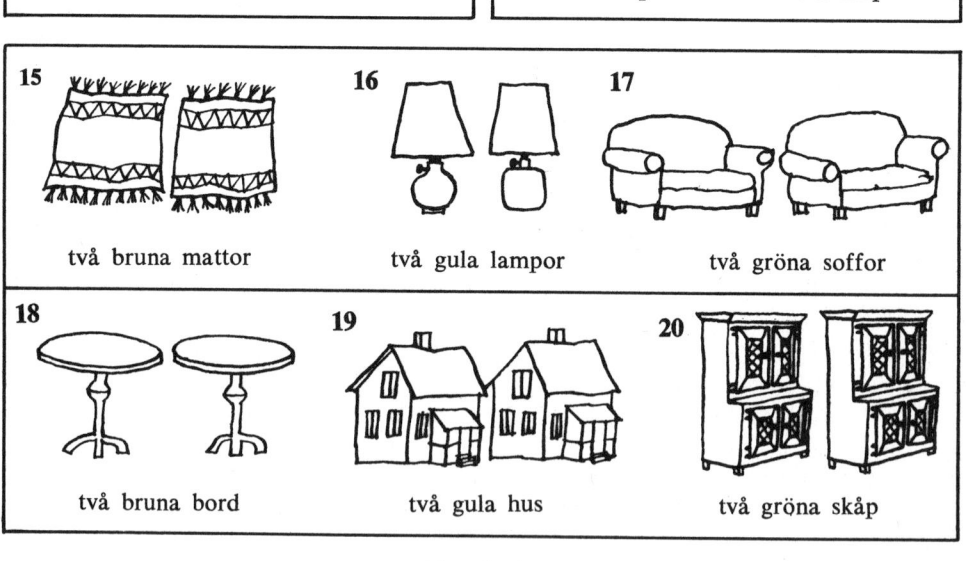

| 15 två bruna mattor | 16 två gula lampor | 17 två gröna soffor |
| 18 två bruna bord | 19 två gula hus | 20 två gröna skåp |

sidan fyrtio

AVSNITT 10

text 2 🔘 RUMMET ÄR UPPTAGET

Kjell Persson vill hyra ett rum. Han läser en tidning. Han ser en annons om ett rum. Han ringer till annonsens nummer.

A: 23 74 17.
P: Goddag. Jag ringer med anledning av er annons om ett rum. Är rummet ledigt?
A: Nej, det är redan upptaget.
P: Jaså. Så synd. — Ja, tack så mycket då. Adjö.
A: Adjö.

text 3 🔘 RUMMET ÄR LEDIGT

Kjell Persson ser en annan annons. Han ringer en gång till.

S: 72 07 42.
P: Goddag. Mitt namn är Kjell Persson. Jag ringer med anledning av er annons i Kvällskuriren. Är rummet upptaget?
S: Nej, det är ledigt. Vill ni komma och se rummet?
P: Ja tack, mycket gärna. Passar det klockan tre?
S: Ja, det passar bra. Adressen är Nygatan 25, två trappor. Jag heter fru Stjärnkvist.
P: Kan jag få använda köket?
S: Ja, visst. Ni kan få koka te och kaffe, när ni vill.
P: Det låter bra. Jag kommer klockan tre då. Tack så mycket fru Stjärnkvist.
S: Välkommen.

sidan fyrtioett

AVSNITT 10

text 4 🎦 EN VÅNING ATT HYRA

Familjen Malmsjö ser en annons om en våning att hyra. Herr Malmsjö ringer:

M: Goddag. Det är med anledning av annonsen om en våning. Är våningen upptagen?
F: Nej, den är ledig. — Jag ska åka till England och stanna där ett år, så jag vill hyra ut våningen.
M: Jaha.
F: Det är två stora rum och ett litet rum, ett kök och ett badrum. Det är en bra våning!
M: Det låter bra. Hur stor är hyran?
F: 7.000 kronor för ett år. — Har ni några barn?
M: Ja, vi har två flickor — en är ett år och en är fem år. Jag skulle gärna vilja se våningen. Passar det idag?
F: Ja, det passar bra. Kan ni komma klockan fyra?
M: Det går bra. Mitt namn är Malmsjö.
F: Jag heter Forsberg. Adressen är Kyrkvägen 17, tre trappor. Ni är välkommen klockan fyra.
M: Ja tack. Adjö, adjö.
F: Adjö.

text 5 🎦 ATT BESTÄLLA ETT RUM PÅ HOTELL

Herr Kindwall ringer till Grand Hotell. Han vill beställa ett rum.

V: Grand Hotell.
K: Goddag. Jag skulle vilja beställa ett rum till på fre ...
V: Ett ögonblick, så får ni tala med receptionen.

R: Receptionen.
K: Ja, goddag. Mitt namn är Torsten Kindwall. Min fru och jag skulle vilja beställa ett dubbelrum över lördag och söndag, alltså från fredag kväll.
R: Ett ögonblick, så ska jag se om vi har något ledigt. — Fredag kväll ... Ja det går bra. Ett dubbelrum ... Förlåt, hur var namnet?
K: Torsten Kindwall. Hur mycket kostar rummet?
R: Det blir 90 kronor per natt, alltså 180 kronor.
K: Det är alldeles för dyrt. Har ni inget annat?
R: Vi har ett ganska litet dubbelrum utan bad för 50 kronor.
K: Det tar jag.
R: Jaha tack, då bokar jag in herr Kindwall natten till lördag och natten till söndag.
K: Tack. Vi kommer med tåget halv elva på fredag kväll.
R: Välkommen.

AVSNITT 11

1 Han kan spela gitarr.
Han spelar mycket bra.

2 Hon kan inte spela gitarr.
Hon är bara tre år.

3 Hon spelar mycket bra,
men hon kan inte spela nu.
Hon har ont i handen.

4 Hon ska arbeta i morgon.
Det är onsdag i morgon.

5 Han ska inte arbeta
i morgon. Det är
söndag i morgon.
Han är ledig i morgon.

6 Han vill äta.
Han är mycket hungrig.

7 Hon vill inte äta.
Hon är inte hungrig.

8 Hon får köra bil.
Hon är arton år,
och hon har körkort.

9 Han får inte köra bil.
Han är bara sjutton år.
Han har inget körkort.

10 Han måste springa till skolan.
Han ska börja klockan åtta,
och klockan är redan åtta.

11 Hon behöver inte
springa till skolan.
Hon ska börja klockan åtta,
och klockan är bara halv åtta.

12 Hon får inte springa.
Hon har ont i hjärtat.

sidan fyrtiotre

AVSNITT 11

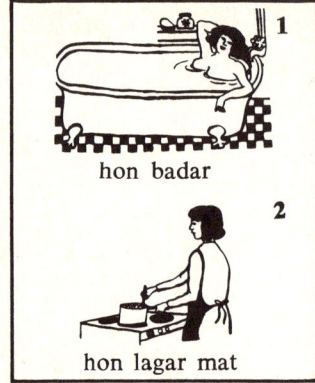
1 hon badar
2 hon lagar mat

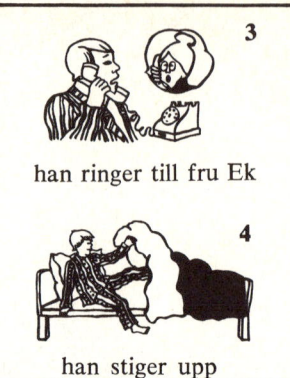
3 han ringer till fru Ek
4 han stiger upp

5 hon syr en skjorta
6 han ser en film

7 morgon   8 dag   9 kväll   10 natt

text 1 🔊   MÅNDAG KVÄLL OCH TISDAG MORGON

Det är måndag kväll. Klockan är halv nio. Åsa är åtta år och hon vill inte sova.

Mamma: God natt och sov gott!
Åsa: Jag kan inte sova, mamma. Det är så varmt. Kan du öppna fönstret?
Mamma: Ja, jag ska öppna fönstret.
(Mamma öppnar fönstret.)
Mamma: Nu måste du sova.
Åsa: Nej, jag vill inte sova.
Mamma: Du måste sova. Klockan är så mycket. Klockan är redan halv nio.
Åsa: Jag vill titta på tv.
Mamma: Nej, du får inte titta på tv nu. Du måste sova.
Åsa: Jag kan inte sova nu. Det är så kallt. Kan du stänga fönstret?
Mamma: Ja, jag ska stänga fönstret.
(Mamma stänger fönstret.)
Mamma: God natt, Åsa! Sov gott!

Det är tisdag morgon. Klockan är sju.

Mamma: God morgon, Åsa! Klockan är sju. Du måste vakna.
Åsa: Nej, jag vill sova.
Mamma: Du måste stiga upp nu. Klockan är mycket.
Åsa: Nej, jag vill inte stiga upp nu. Jag vill sova.
Mamma: Nej, du får inte sova nu. Du måste stiga upp. Du ska gå till skolan.
Åsa: Nej, jag behöver inte stiga upp nu. Det är tisdag idag.
Jag ska börja klockan nio idag.

sidan fyrtiofyra

AVSNITT 11

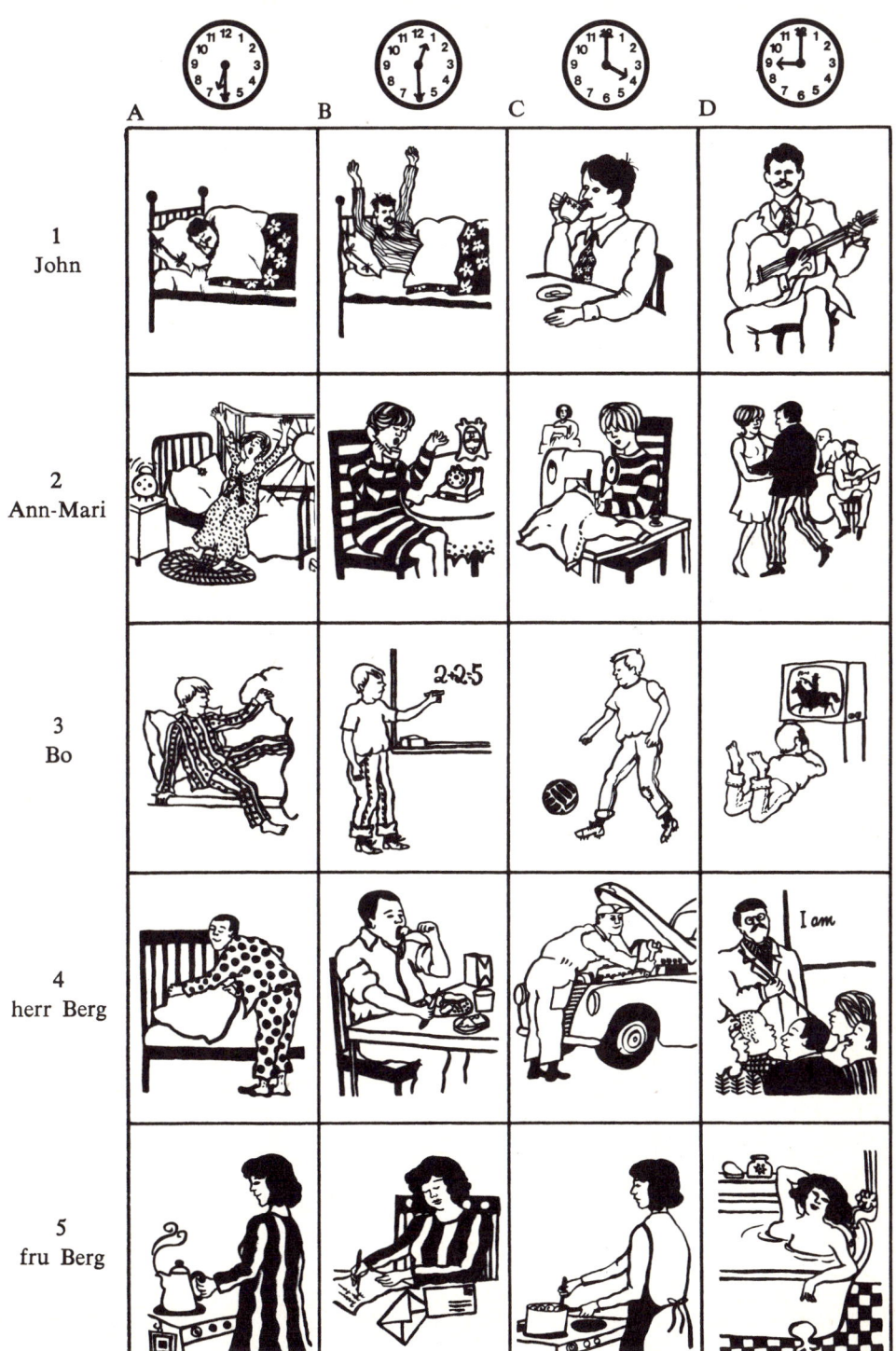

sidan fyrtiofem

AVSNITT 11

text 2 🔘 FRÅN MORGON TILL KVÄLL

1. Det här är John. Han arbetar på en restaurang.

   A. Han sover halv sju. Han sover mycket länge.
   B. Han sover till halv ett. Han vaknar halv ett.
   C. Han dricker kaffe klockan fyra.
   D. Han arbetar på restaurangen varje kväll. Han spelar gitarr i en liten orkester. Han spelar från halv fem på dagen till halv ett på natten.

2. Det här är Ann-Mari. Hon arbetar på en fabrik. Hon är sömmerska.

   A. Hon vaknar halv sju.
   B. Hon ringer till fru Karlsson halv ett. Fru Karlsson är hennes syster. Hon talar i telefon.
   C. Hon arbetar varje dag. Hon syr skjortor.
   D. Hon dansar.

3. Det här är Bo. Han är åtta år. Han går i skolan.

   A. Han stiger upp halv sju.
   B. Han är i skolan halv ett. Han har en lektion i matematik. Han räknar. Han räknar fel. Han är inte bra i matematik.
   C. Han spelar fotboll klockan fyra.
   D. Han tittar på tv klockan nio. Han ser en gammal svensk film.

4. Det här är herr Berg. Det är Bos pappa. Han är bilmekaniker. Han arbetar på en bilverkstad.

   A. Han bäddar sängen halv sju.
   B. Han äter lunch halv ett.
   C. Han arbetar på bilverkstaden. Han lagar en gammal bil. Det är Johns bil.
   D. Han studerar engelska klockan nio. Han deltar i en studiecirkel.

5. Det här är fru Berg. Det är Bos mamma.

   A. Hon kokar kaffe halv sju.
   B. Hon skriver ett brev till en bror i Danmark halv ett.
   C. Hon lagar mat klockan fyra.
   D. Hon badar klockan nio.

sidan fyrtiosex

AVSNITT 12

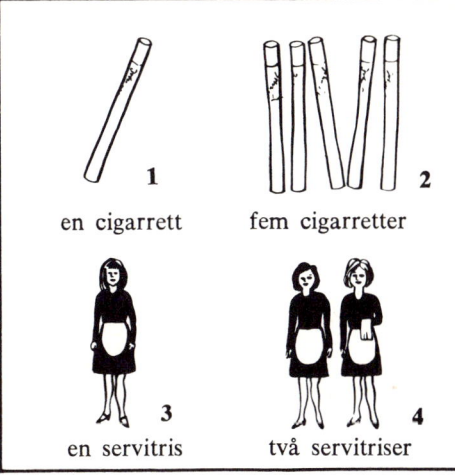

1 en cigarrett
2 fem cigarretter
3 en servitris
4 två servitriser

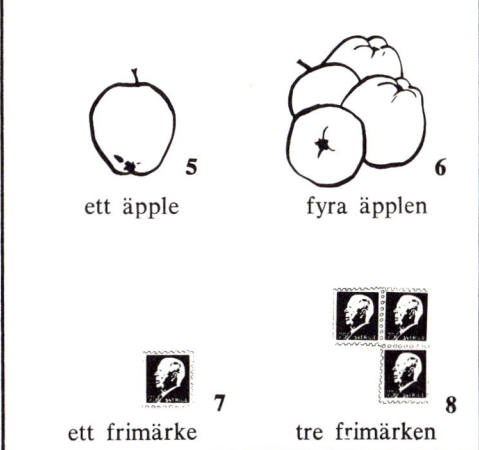

5 ett äpple
6 fyra äpplen
7 ett frimärke
8 tre frimärken

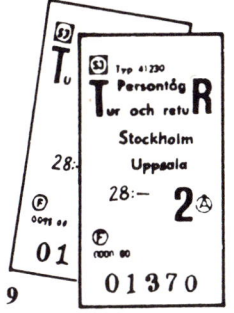

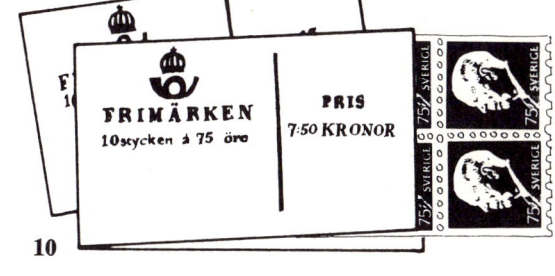

A: Kan jag få två biljetter tur och retur till Uppsala andra klass?
B: Varsågod. Det blir 56 kronor.

C: Jag skulle vilja ha två häften med 75-öres frimärken. Hur många är det i ett häfte?
D: Det är tio stycken. Varsågod. Det blir femton kronor.

11 en gris
12 en kalv
13 ett lamm
14 en fläskkotlett
15 två kalvkotletter
16 tre lammkotletter

sidan fyrtiosju

AVSNITT 12

Grönsaker

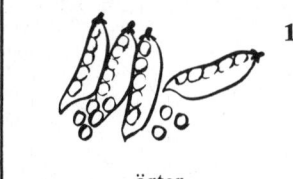 1	2	 3
ärter	morötter	tomater

Frukt

 4	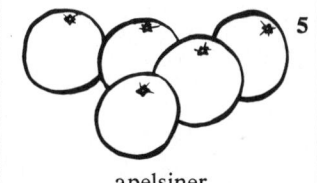 5	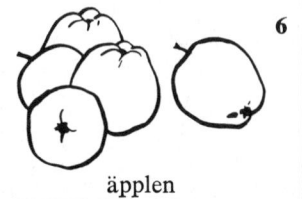 6
bananer	apelsiner	äpplen

Restaurang Svea
Matsedel

tomatsoppa .... 5:—
ärtsoppa .... 5:—
omelett .... 7:—
fläskkotlett med morötter
och stekt potatis 11:75
köttbullar med ärter och ris ... 9:50
glass 3:50
frukt 2:50

sidan fyrtioåtta

AVSNITT 12

1 De äter frukost.

2 De äter lunch.

3 De äter middag.

text 1 LUNCH PÅ RESTAURANG

Herr och fru Moberg och fröken Vallin går in på restaurang Svea för att äta lunch. Klockan är halv ett. En servitris kommer fram till deras bord. De tittar på matsedeln.

Servitrisen:	Goddag. Vad får det lov att vara?
Herr M:	Vad vill du ha, Lisa? En fläskkotlett, kanske?
Fröken V:	O nej, jag vill inte ha så mycket att äta. Jag är inte så hungrig. Kan jag få en omelett?
Servitrisen:	Ja tack. Och någonting att dricka?
Fröken V:	Bara ett glas vatten, tack.
Herr M:	Du då, Karin? Ska du inte ha en fläskkotlett?
Fru M:	Nej, jag tar köttbullar med ärter och ris. Och ett glas mjölk.
Servitrisen:	Och min herre vill kanske ha fläskkotlett?
Herr M:	Ja tack. Men inte stekt potatis. Kan jag få kokt potatis i stället?
Servitrisen:	Ja visst, det går bra. Något att dricka?
Herr M:	Mellanöl, tack.

Klockan är ett. Herr Moberg ropar på servitrisen.

Herr M:	Fröken! Kan jag få betala?
Servitrisen:	Ja tack. Ska min herre betala för alla?
Herr M:	Ja.
Servitrisen:	Det blir 39: 30 med dricks.
	(Herr Moberg ger servitrisen 40 kronor.)
Herr M:	Varsågod. Det är jämnt.
Servitrisen:	Tack så mycket. Och välkomna åter!

sidan fyrtionio

AVSNITT 12

en burk morötter

en påse morötter

en tub majonnäs

ett paket ärter

JANSSONS LIVSMEDEL

KÖTT				
	köttbullar	burk	510 g	5: 40
	fläskkotlett		kg	19: 30
	köttsoppa	burk	540 g	4: 20
GRÖNSAKER	ärter	paket	300 g	2: 45
	morötter	påse	ca 500 g	1: 10
	tomater		kg	6: 80
	ärtsoppa	burk	525 g	3: —
FRUKT	äpplen, svenska	påse	ca 1 kg	3: 15
	bananer		kg	3: 20
	apelsiner		kg	2: 90
	majonnäs	tub	ca 175 g	2: 26
	spaghetti		400 g	2: 10
	te	paket	1 hg	3: 35
	ris		400 g	1: 60
	apelsinmarmelad	burk	450 g	2: 35
	Svecia-ost		kg	16: 50
	glass	paket	½ l	2: 70

sidan femtio

AVSNITT 13

60 sekunder är en minut.
60 minuter är en timme.
15 minuter är en kvart.

A: Hur mycket är klockan?
B: Klockan är en kvart över elva.

A: Vad är klockan?
B: Klockan är en kvart i tolv.

A: När kommer bussen?
B: Bussen kommer tio minuter över sju.

A: Hur dags går tåget?
B: Tåget går tjugo minuter i sex.

A: När börjar radioprogrammet?
B: Radioprogrammet börjar fem minuter i halv två.

A: Hur dags slutar tv-programmet?
B: Tv-programmet slutar fem minuter över halv nio.

en vecka = sju dagar
- måndag
- tisdag
- onsdag
- torsdag
- fredag
- lördag
- söndag

52 veckor är ett år.

AVSNITT 13

en månad

	MAJ			
M		6	13	20	27
T		7	14	21	28
O	1	8	15	22	29
T	2	9	16	23	30
F	3	10	17	24	31
L	4	11	18	25	
S	5	12	19	26	

Ett år har tolv månader.   Tolv månader är ett år.

januari	maj	september
februari	juni	oktober
mars	juli	november
april	augusti	december

1	första	11	elfte	21	tjugoförsta
2	andra	12	tolfte	22	tjugoandra
3	tredje	13	trettonde	23	tjugotredje
4	fjärde	14	fjortonde	24	tjugofjärde
5	femte	15	femtonde	25	tjugofemte
6	sjätte	16	sextonde	26	tjugosjätte
7	sjunde	17	sjuttonde	27	tjugosjunde
8	åttonde	18	artonde	28	tjugoåttonde
9	nionde	19	nittonde	29	tjugonionde
10	tionde	20	tjugonde	30	trettionde
				31	trettioförsta

-de		-nde		"andra former"	
13	trettonde	7	sjunde	1	första
14	fjortonde	9	nionde	2	andra
15	femtonde	10	tionde	3	tredje
16	sextonde	20	tjugonde	4	fjärde
17	sjuttonde	30	trettionde	5	femte
18	artonde	40	fyrtionde	6	sjätte
19	nittonde	50	femtionde	8	åttonde
100	hundrade	60	sextionde	11	elfte
1000	tusende	70	sjuttionde	12	tolfte
		80	åttionde		
		90	nittionde		

sidan femtiotvå

AVSNITT 13

vinter   vår   sommar   höst

text 1 🎧   FAMILJEN HÅKANSSON

Ingenjör Håkansson är trettiofyra år och hans fru är tjugoåtta. De har en liten flicka på fyra månader. Fru Håkansson är hemmafru; hon är hemma och sköter barnet.

Ingenjör Håkansson arbetar på ett ritkontor. Han ritar maskiner. Han börjar arbetet klockan åtta och slutar klockan fem. Ofta måste han arbeta på övertid; det är mycket att göra på kontoret. Han har femdagarsvecka. Han arbetar inte på lördagar.

Ingenjör Håkansson har månadslön. Han får lönen den 28 varje månad.

I år har herr Håkansson semester från den 10 juni till den 13 juli. Han har fem veckors semester. Familjen Håkansson ska bo på landet under semestern. De ska hyra en stuga i Dalarna.

AVSNITT 13

fem dagar

måndag tisdag onsdag torsdag fredag lördag söndag

De arbetar fem dagar i veckan. De har femdagarsvecka.

text 2   FAMILJEN WELLANDER

Herr Wellander är fyrtiotvå år och hans fru trettiofyra. De har två barn, en pojke på fem år och en flicka på tio. Pojken är på ett daghem mellan åtta och fem varje dag, och flickan går i skolan. Hon går i årskurs 4.

Herr Wellander är svarvare och arbetar på en fabrik. Arbetstiden är mellan sju och halv fem. Han har femdagarsvecka.

Herr Wellander arbetar på ackord. Han får avlöningen varje torsdag.

Fru Wellander arbetar i en affär. Hon är expedit. Arbetstiden är mellan nio och sex. Hon måste vara i affären fem i nio, och hon går ofta en kvart över sex. På lördagar stänger affären klockan tre. Det är en lång arbetsvecka, men fru Wellander har tjugoåtta lediga dagar varje år. Hon har också fyra veckors semester. Det har hennes man också.

Fru Wellander har månadslön. Hon får avlöningen den 26 varje månad.

I år har familjen Wellander semester i juli. Då ska de åka till England. Herr och fru Wellander studerar engelska i en studiecirkel. Flickan läser också engelska, i skolan. Hon kan redan lite engelska.

sidan femtiofyra

AVSNITT 13

Fru Wellanders pass

Juni	30 S	Åkes födelsedag: Bo, Eva, Ulf, Britta på middag 18.30
Juli	1 M	Köpa skjorta till Peter
	2 T	hämta pass
	3 O	gå till banken
	4 T	gå till doktorn kl. 11.00
	5 F	gå till resebyrån, hämta biljetter
	6 L	SEMESTERN BÖRJAR!!! från Göteborg 17.00

Stockholm—Göteborg
Tabell 124 i Sveriges Kommunikationer

	⊛✗	♀		✗	⊛✗
fr Stockholm C	7 35			9 15	12 40²
fr Södertälje S	7 33*⁶			9 45	
fr Västerås C	6 40			8 15	
fr Eskilstuna C P	7 27			9 32	
fr Nyköping C P	7 08			✗9 06	
fr Flen	8 03⁹			10 35	
fr Norrköping C P	✗7 11			9 44	
fr Katrineholm P	8 30⁹			10 53	
fr Västerås C					
fr Örebro C	8 43	8 43		10 59	
fr Hallsberg	9 27	9 37		11 37	
fr Karlstad C P	⊛ 6 20⁹	⊛6 20⁹		9 46	
fr Kristinehamn	7 42⁹¹⁶	7 42¹⁶		10 34	
fr Laxå		10 00		12 00	
t Skövde ⊕		11 09		12 49	15 28³
t Falköping C ⊕		11 37		13 13	16 05¹³
t Jönköping C ⊕			13 05⁷	15 08	18 21
t Herrljunga		12 10		13 38	16 06⁵
t Bords C			13 09	14 32	17 18
t Vänersborg ⊕			✗13 33	14 51	18 45
t Trollhättan ⊕			✗14 10⁶	15 17	19 10⁴
t Uddevalla C ⊕			✗14 17	15 33	19 20
t Strömstad				17 44	22 15¹
t Alingsås			12 44	14 02	17 00¹⁰
t Göteborg C ⊕	11 50		13 22	14 40	17 00³

1 Buss Munkedal—Strömstad
2 Dagligen utom helgfri lördag
3 Helgfri lördag
4 Helgfri fredag och † före ✗
5 Helgfri lördag 13 47. Tågbyte i Katrineholm
6 Buss över Vargön
7 ✗ före †
8 Dagligen utom söndag
9 Tågbyte i Hallsberg
10 Tågbyte i Herrljunga

GÖTEBORG-LONDON

Avgång	Ankomst
17.00	07.30
2 tisd.	4 torsd.
6 lörd.	8 månd.
11 torsd.	13 lörd.
16 tisd.	18 torsd.
20 lörd.	22 månd.
25 torsd.	27 lörd.

sidan femtiofem

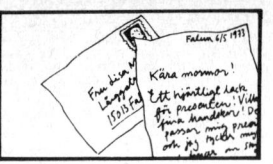

AVSNITT 14

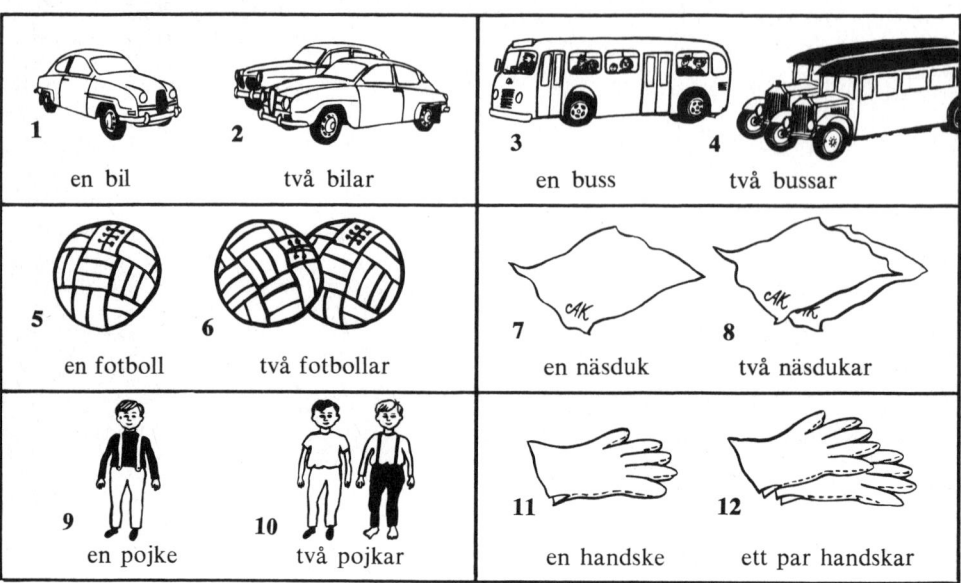

1 en bil	2 två bilar	3 en buss	4 två bussar
5 en fotboll	6 två fotbollar	7 en näsduk	8 två näsdukar
9 en pojke	10 två pojkar	11 en handske	12 ett par handskar

Jag ger honom ett par handskar.
Han får ett par handskar av mig.

Du ger henne sex näsdukar.
Hon får sex näsdukar av dig.

Han ger oss två tidningar.
Vi får två tidningar av honom.

Hon ger er kaffe och smörgåsar.
Ni får kaffe och smörgåsar av henne.

sidan femtiosex

AVSNITT 14

Vi ger dem två stolar.
De får två stolar av oss.

Ni ger mig en bok.
Jag får en bok av er.

De ger dig ett paket cigarretter.
Du får ett paket cigarretter av dem.

jag	—	mig
du	—	dig
han	—	honom
hon	—	henne
vi	—	oss
ni	—	er
de	—	dem

sidan femtiosju

AVSNITT 14

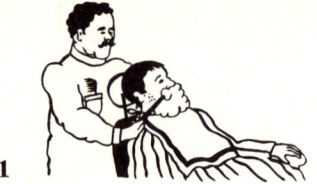

1 Frisören rakar herr Asp.
Han rakar honom.

2 Herr Asp rakar sig.
Han rakar sig.

3 Fru Berg tvättar Ylva.
Hon tvättar henne.

4 Fru Berg tvättar sig.
Hon tvättar sig.

5 Herr och fru Ek klär på Jan och Gun.
De klär på dem.

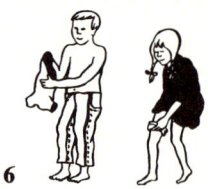

6 Jan och Gun klär på sig.
De klär på sig.

7 Han lär honom svenska.

8 Han lär sig svenska.

han	— honom
	— sig
hon	— henne
	— sig
de	— dem
	— sig

sidan femtioåtta

AVSNITT 14

EN MORGON MED BO EK
Svara på frågorna:

Vad gör Bo Ek klockan sex?
När stiger han upp?
När rakar han sig?
Vad gör han tio minuter i sju?
När klär han på sig?
Vad gör han en kvart över sju?
När går han till arbetet?
Hur kommer han till arbetet?

Nu är du Bo Ek.
Svara på frågorna:

Vad gör du klockan sex?
När stiger du upp?
När rakar du dig?
Vad gör du tio minuter i sju?
När klär du på dig?
Vad gör du en kvart över sju?
När går du till arbetet?
Hur kommer du till arbetet?

sidan femtionio

AVSNITT 14

text 1 　　　　　　　　FÖDELSEDAGSPRESENTER

Åke och Lena är tvillingar. I morgon är det deras födelsedag. De fyller femton år. Mormor vill gärna ge dem födelsedagspresenter. Hon går in i en affär för att köpa presenter till dem. Hon ska köpa en skjorta till honom och ett par handskar till henne.

Fru Malm:	Jag skulle vilja ha en skjorta till en femton års pojke.
Expediten:	Ja tack. Vilken färg önskar damen?
Fru Malm:	Det ska vara en vit nylonskjorta.
Expediten:	Och vilken storlek?
Fru Malm:	34 eller 35 ... Det är nog 34.
Expediten:	Här har vi en i storlek 34. Den kostar 30 kronor. Och här är en annan för 25 kronor.
Fru Malm:	Jag tar den här för 25 kronor. Vill ni slå in den i ett fint paket? Det ska bli en present.
Expediten:	Jaså. Det går bra att byta om den inte passar honom.

Sedan köper mormor handskar till Lena. Från affären går hon till posten med Lenas och Åkes paket. Hon skickar dem till Falun. Hon skriver också ett litet brev:

text 2

Trosa den 3/5 1973

Kära Lena och Åke!

Jag kan inte komma till er på födelsedagen. Morfar är lite förkyld och jag måste sköta om honom. Jag skickar ett par paket i stället. Nästa månad kommer morfar och jag och hälsar på er. En trevlig födelsedag önskar

Mormor

AVSNITT 14

text 3

Här är Lenas brev till mormor:

Falun den 6/5 1973

Kära mormor!

Ett hjärtligt tack för presenten! Vilka fina handskar! De passar mig precis och jag tycker mycket om dem. Åke tackar också för paketet. Han tycker mycket om skjortan, och den passar honom mycket bra. Han ska skriva till Dig i kväll. Just nu är han i skolan.

Pappa och mamma hälsar till er. De mår bra. Jag är lite förkyld, men jag blir nog snart bra.

Det ska bli trevligt att träffa er nästa månad. Ni är alltid hjärtligt välkomna till oss. Är morfar bra nu? Hälsa till honom från oss alla. Hjärtliga hälsningar

Lena

adressat — adressatens namn / utdelningsadress / adresspostanstalt postnummer

avsändare — avsändarens namn / utdelningsadress / adresspostanstalt postnummer

sidan sextioett

AVSNITT 15

Lampan till vänster är billig.
Lampan till höger är dyr.

Lamporna till vänster är billiga.
Lamporna till höger är dyra.

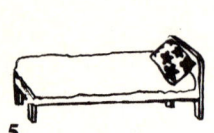  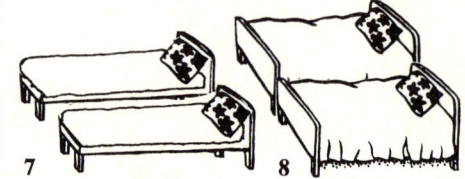

Sängen till vänster är smal.
Sängen till höger är bred.

Sängarna till vänster är smala.
Sängarna till höger är breda.

  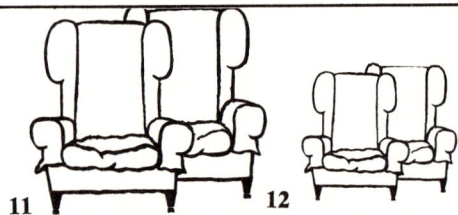

Fåtöljen till vänster är stor.
Fåtöljen till höger är liten.

Fåtöljerna till vänster är stora.
Fåtöljerna till höger är små.

Häftet till vänster är billigt.
Häftet till höger är dyrt.

Häftena till vänster är billiga.
Häftena till höger är dyra.

Bordet till vänster är stort.
Bordet till höger är litet.

Borden till vänster är stora.
Borden till höger är små.

sidan sextiotvå

AVSNITT 15

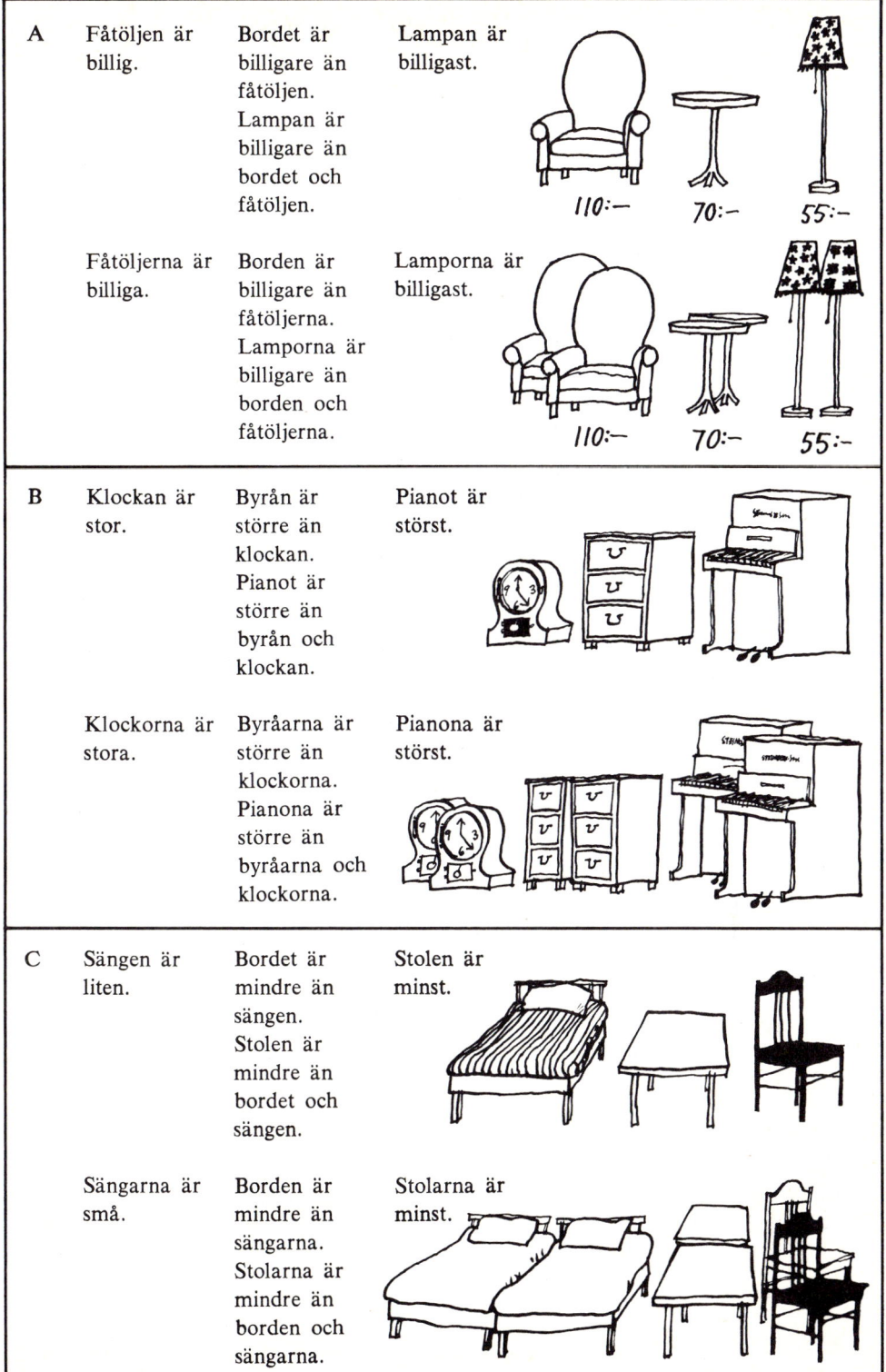

A	Fåtöljen är billig.	Bordet är billigare än fåtöljen. Lampan är billigare än bordet och fåtöljen.	Lampan är billigast.	
	Fåtöljerna är billiga.	Borden är billigare än fåtöljerna. Lamporna är billigare än borden och fåtöljerna.	Lamporna är billigast.	
B	Klockan är stor.	Byrån är större än klockan. Pianot är större än byrån och klockan.	Pianot är störst.	
	Klockorna är stora.	Byråarna är större än klockorna. Pianona är större än byråarna och klockorna.	Pianona är störst.	
C	Sängen är liten.	Bordet är mindre än sängen. Stolen är mindre än bordet och sängen.	Stolen är minst.	
	Sängarna är små.	Borden är mindre än sängarna. Stolarna är mindre än borden och sängarna.	Stolarna är minst.	

sidan sextiotre

AVSNITT 15

Anna	Bo	Jan	fröken Fält	fru Blom	herr Gran
1 år	6 år	9 år	19 år	65 år	72 år

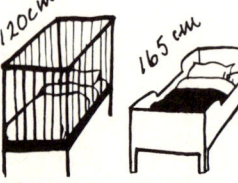    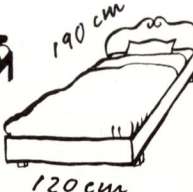 

A   Jans säng är smal.   Bos säng är smalare.   Annas säng är smalast.
Fröken Fälts säng är bred.   Herr Grans säng är bredare.   Fru Bloms säng är bredast.
Jans säng är kort.   Bos säng är kortare.   Annas säng är kortast.

B   Fru Bloms säng är lång.   Fröken Fälts säng är längre.   Herr Grans säng är längst.
Fröken Fälts säng är låg.   Herr Grans säng är lägre.   Fru Bloms säng är lägst.
Bos säng är hög.   Jans säng är högre.   Annas säng är högst.
Fröken Fält är ung.   Jan är tio år yngre än fröken Fält.   Anna är yngst.

C   Fru Blom är gammal.   Fru Blom är fyrtiosex år äldre än fröken Fält.   Herr Gran är äldst.

Bos bil   fröken Fälts bil   herr Grans bil

Annas bil   Jans bil   fru Bloms bil

Fröken Fälts bil är bra.   Fru Bloms bil är bättre.   Herr Grans bil är bäst.
Jans bil är dålig.   Bos bil är sämre.   Annas bil är sämst.

sidan sextiofyra

AVSNITT 15

A	B	C
smal smalare smalast bred bredare bredast kort kortare kortast	lång längre längst låg lägre lägst hög högre högst ung yngre yngst stor större störst	gammal äldre äldst bra bättre bäst dålig sämre sämst liten mindre minst

Hans äpplen är billigare än hennes.
Hennes smörgåsar är större än deras.
Deras köttbullar är mindre än hans.

Mina koppar och glas är billigare än dina.
Dina koppar och glas är dyrare än mina.

Våra koppar och glas är högre än era.
Era koppar och glas är lägre än våra.

De här kopparna och glasen är bättre än de där.
De där kopparna och glasen är sämre än de här.

text 1 🔘 ETT SAMTAL OM SÄNGAR OCH PENGAR

A: Vi måste köpa nya sängar till pojkarna.
B: Varför det?
A: De måste ha längre sängar. De växer så fort. Sängarna är för korta för dem.
B: Ja, det har du rätt i.

sidan sextiofem

AVSNITT 15

A: Här är en annons i tidningen. "Våra sängar är billigast i stan! Prisexempel: 70 × 180 cm — tidigare 115 kronor, nu 100 kronor."
B: 70 cm? Våra pojkar kan inte ha så smala sängar. Finns det inte några bredare?
A: Jo, här är ett annat prisexempel: "80 × 195 cm — tidigare 140 kronor, nu 120 kronor."
B: Det är bäst att vi köper stora sängar. Annars måste vi köpa nya sängar om ett par år, när pojkarna är större.
A: Ja, det har du rätt i.
B: Men har vi råd just nu? Det är många räkningar att betala den här månaden.
A: Men vi kan köpa sängarna på avbetalning! Vi betalar en handpenning nu och resten nästa månad.
B: Det blir dyrare. Vi måste betala ett tillägg, om vi köper på avbetalning. Det är bättre att vänta till nästa månad. Då kan vi köpa sängarna kontant. Det blir billigare.
A: Ja, det är kanske bäst att vänta.

M	T	O	T	F	L	S	
7	7	7	7	7	7	7	Fru A stiger alltid upp klockan sju.
7	7	7	7	7	7	8	Fru B stiger ofta upp klockan sju.
7	8	7	8	7	8	8	Fru C stiger ibland upp klockan sju, ibland klockan åtta.
8	7	8	8	8	7	8	Fru D stiger sällan upp klockan sju.
8	8	8	8	8	8	8	Fru E stiger aldrig upp klockan sju.

text 2   ATT KÖPA KONTANT ELLER PÅ KREDIT

Man kan köpa varor kontant eller på kredit.
Att köpa kontant betyder att man betalar genast.

Att köpa på kredit betyder att man betalar senare. Avbetalning är en form av kredit. Man måste vara myndig — tjugo år eller äldre. Man måste också ha fast inkomst, t. ex. avlöning från ett arbete varje vecka eller varje månad. Då kan man få kredit.

Att köpa på kredit betyder att man lånar pengar av affären. Då måste man betala ränta på pengarna, kanske 10 %. Därför är det dyrare att köpa på kredit. Men ibland kan man inte vänta. Det är kanske bra att få varan genast.

Det är ofta bäst att låna pengar i en bank och köpa kontant. Räntan i banken är ofta lägre än räntan på ett avbetalningsköp.

AVSNITT 16

Det är måndag idag.
Det är den fjärde mars idag.

Vad gör herr Bodin idag?

Han arbetar idag.
Han lagar en bil.
Han spelar inte fotboll.

Han ringer till Karin idag.

Det var söndag igår.
Det var den tredje mars igår.

Vad gjorde herr Bodin igår?

Han arbetade inte igår.
Han lagade ingen bil igår.
Han spelade fotboll.

Han ringde till Ulla igår.

Klockan är nio nu.
Vad gör Per och Lena?

Per läser en bok och röker en cigarr.
Lena syr en klänning.

Klockan är tio nu.
Vad gjorde Per och Lena klockan nio?

Per läste en bok och rökte en cigarr
Lena sydde en klänning.

sidan sextiosju

AVSNITT 16

Hur är det med Anita idag?
Hur mår Anita idag?

Hur var det med Anita igår?
Hur mådde Anita igår?

Anita är sjuk idag.
Hon kan inte gå till skolan.
Hon är förkyld.
Hon är snuvig.
Hon har ont i halsen.
Hon har feber.
Hon har ganska hög feber, 38,9.
Hon hostar.
Hon vill inte äta.

Anita var sjuk igår också.
Hon kunde inte gå till skolan.
Hon var förkyld.
Hon var snuvig.
Hon hade ont i halsen.
Hon hade högre feber igår.
Hon hade 39,2.
Hon hostade.
Hon ville inte äta.

text 1 🔊 VAD SKA JAG GÖRA NÄSTA VECKA?

Det är söndagsmorgon. Bo Ek sitter och skriver i en kalender.

Idag är det söndag. Det är moster Annas födelsedag. Hon fyller sjuttio år. Jag ska ringa till henne och gratulera henne.

I morgon är det måndag. Jag arbetar mellan nio och fem. Jag måste betala hyran på posten. Och jag ska skicka ett brev till Erik.

I övermorgon är det Valborgsmässoafton. Kontoret stänger redan klockan ett. Men jag har mycket att göra. Jag ska köpa en ny vit skjorta och blommor. Sedan ska jag åka hem och klä om mig. Klockan tre ska jag träffa Eva. Vi ska förlova oss! Javisst ja, jag måste köpa ringar också. (Men jag ska *inte* låna pengar av John. Jag lånade hundra kronor av honom i fredags.) På kvällen ska Eva och jag hälsa på hennes föräldrar. Jag får inte glömma att ta med blommorna.

förlovningsringar   blommor

På onsdag är det den första maj. Jag ska stiga upp klockan sju och studera engelska. Jag ska träffa Eva klockan tio. Jag ska sluta röka — jag mår inte bra av cigarrer.
En ny månad — en ny människa!

AVSNITT 16

På torsdag är det arbetsdag igen. Eva och jag ska gå ut och dansa på kvällen.

På fredag ska jag köra till Göteborg. Jag ska tala med en viktig kund där. Javisst ja, bilen går inte. Jag måste laga bilen först.

På lördag arbetar jag inte. Jag ska träffa Eva på kvällen. Vi ska gå på teatern och se "Hamlet". Sedan går vi ut och äter. Jag måste beställa biljetter till föreställningen och ett bord på restaurangen.

En sida i Bo Eks kalender

	APRIL			MAJ
28 S	moster Anna 70 år – ringa och gratulera		1 O	träffa Eva kl. 10
29 M	betala hyran		2 To	träffa Eva kl. 8
30 Ti	köpa skjorta, blommor och förlovningsringar Eva och jag ska förlova oss!		3 F	köra till Göteborg tala med ingenjör Ögren
			4 L	beställa teaterbiljetter beställa bord på restaurangen. träffa Eva kl. 7.15

text 2 🎧   VAD GJORDE HAN FÖRRA VECKAN?

Ni läste Bo Eks kalender. Han hade många fina planer. Nu ska vi se vad han verkligen gjorde förra veckan.

I söndags skulle han ringa till moster Anna. Men han ringde inte till henne. I stället ringde hon till honom på kvällen. Hon var inte glad.

I måndags skulle han betala hyran. Men han glömde att gå till posten. Och han skickade inget brev till Erik.

På Valborgsmässoafton arbetade han till klockan ett. Han lånade tvåhundra kronor av John och hämtade förlovningsringarna.

De var dyra, så han hade inte råd att köpa någon ny skjorta. Han åkte hem, tvättade en gammal skjorta och sydde i tre knappar. Sedan klädde han om sig och åkte till stan. Han glömde ringarna hemma, så han måste åka hem igen. Klockan fem träffade han Eva. Han glömde att köpa blommor, men middagen hos Evas föräldrar var ändå mycket trevlig. Eva och Bo förlovade sig på kvällen.

tre knappar

AVSNITT 16

Den första maj började inte bra. Bo vaknade klockan tolv och ringde till Eva, men hon var inte hemma. Han ringde till Eva tre gånger till, men ingen svarade. Han rökte tretton cigarrer. På kvällen mådde han inte alls bra.

I torsdags var Bo sjuk. Han kunde inte gå till arbetet. Han lagade inte bilen. Han var inte ute och dansade på kvällen.

I förrgår var det fredag. Bo var frisk, men bilen ville inte gå. Han kunde inte köra till Göteborg, så han ringde till kontoret och talade med chefen. Chefen var inte glad. Han skickade en annan man till kunden i Göteborg. På kvällen lagade Bo bilen.

Igår var det lördag. Bo beställde inga biljetter till teatern. Han glömde också att beställa bord på restaurangen. På kvällen träffade han Eva på teatern. Men alla biljetter var slut. Och alla bord på restaurangen var upptagna. Han körde Eva hem. Hon ville inte tala med honom.

Idag är det söndag. Bo sitter och skriver i kalendern. På bordet ligger två ringar.

OCKSÅ — INTE HELLER

Han var hemma i fredags. Han var hemma i torsdags också.	Hon var också hemma i fredags.
Han var inte hemma i tisdags. Han var inte hemma i måndags heller.	Hon var inte heller hemma i tisdags.

AVSNITT 17

 en hatt	 ett paraply	 ett par skor
Har ni någon billigare hatt?		Ja, det har vi.
Har ni något billigare paraply?		Ja, det har vi.
Har ni några billigare skor?		Ja, det har vi.
Har ni inte någon billigare hatt?		Jo, det har vi.
Har ni inte något billigare paraply?		Jo, det har vi.
Har ni inte några billigare skor?		Jo, det har vi.
Har ni inte någon billigare hatt?		Nej, det har vi inte.
Har ni inte något billigare paraply?		Nej, det har vi inte.
Har ni inte några billigare skor?		Nej, det har vi inte.

Har ni	någon fin frukt? något fint kött? några fina grönsaker?	Ja, Nej,	det har vi	 inte.
Har ni	någon annan brun soffa? något annat brunt skåp? några andra bruna stolar?	Ja, Nej,	det har vi	 inte.
Har ni inte	någon billigare soffa? något billigare skåp? några billigare stolar?	Jo, Nej,	det har vi	 inte.
Har ni inte	någon annan bok? något annat häfte? några andra pennor?	Jo, Nej,	det har vi	 inte.
Har ni	ingen grön hatt? inget grönt paraply? inga gröna skor?	Jo, Nej,	det har vi	 inte.
Har ni	ingen annan ost? inget annat kaffe? inga andra smörgåsar?	Jo, Nej,	det har vi	 inte.

> Vilken snygg hatt!
> Vilket snyggt paraply!
> Vilka snygga skor!

sidan sjuttioett

AVSNITT 17

text 1 🎧　　　　　FRAMFÖR ETT SKYLTFÖNSTER

Lars och Eva står framför ett skyltfönster.

E: Titta, vilket snyggt paraply!
L: Vilket paraply menar du?
E: Det där till höger. Det är underbart.
　　Jag måste köpa det.
L: Har du inget paraply?
E: Jo, det har jag, men inget grönt.
　　Och titta där! Vilka underbara skor!
L: Menar du de där gula? Usch!
　　Finns de inte i någon annan färg?
E: Jag vet inte. Vi går in och frågar.
L: Det här blir dyrt.

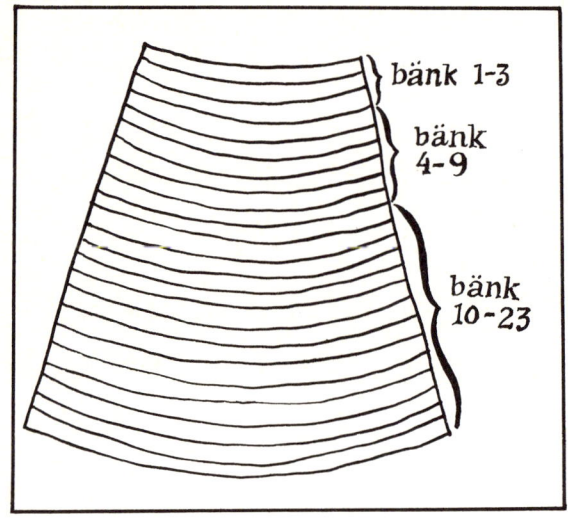

text 2 🎧　　　　　PÅ BIOGRAFEN

Herr Andersson: Jag ska be att få två biljetter.
Damen i biljett-
　　luckan: Till vilken föreställning?
Herr Andersson: Till sjuföreställningen i kväll.
Damen: Ja, här har vi två bra på artonde bänk.
Herr Andersson: Hur mycket kostar de?
Damen: De kostar nio kronor styck.
Herr Andersson: Finns det inga billigare biljetter?
Damen: Jo, vi har två på åttonde bänk. De kostar sju och tjugofem.
Herr Andersson: Ja tack, jag tar dem.
Damen: Varsågod. Det blir fjorton och femtio.

sidan sjuttiotvå

AVSNITT 17

text 3 🎧 PÅ BIBLIOTEKET

Herr Aalto är från Finland. Han vill läsa lite om bandspelare. Han går in på ett bibliotek. Han går fram till bibliotekarien och frågar:

A: Har ni några finska böcker och tidningar här?
B: Ja, vi har många finska böcker. De står i bokhyllan till vänster om dörren. Och tidningarna ligger på bordet framför fönstret.
A: Finns det någon bok på finska om bandspelare?
B: Ja, vi har några stycken. Jag ska visa dem.
(Herr Aalto och bibliotekarien går fram till bokhyllan till vänster om dörren.)
B: Ja, här har vi ett par böcker om bandspelare.
A: Tack så mycket.
B: Åh, ingen orsak.
(Fem minuter senare går herr Aalto fram till bibliotekarien och frågar:)
A: Kan jag få låna hem den här boken?
B: Ja, det går bra. Har ni något låntagarkort?
A: Nej, det har jag inte.
B: Jaså, då måste ni skriva in er. Ni kan fylla i den här blanketten. Här skriver ni ert namn och er adress. Har ni någon legitimation?
A: Ja, det har jag. Här är mitt körkort.
B: Tack så mycket.
A: Hur länge kan jag få låna boken?
B: Fyra veckor.
A: Ja, tack så mycket då. Adjö.

	skönlitteratur			facklitteratur	
He	engelska böcker	Hmd	tjeckiska böcker	I	musik
Hf	tyska böcker	Hmf	serbokratiska böcker	K	historia
Hh	rumänska böcker	Hob	grekiska böcker	N	geografi
Hi	italienska böcker	Hsg	arabiska böcker	P	teknologi
Hj	franska böcker	Hua	finska böcker	Q	ekonomi
Hk	spanska böcker	Huc	ungerska böcker	T	matematik
Hmc	polska böcker	Hud	turkiska böcker	V	medicin

sidan sjuttiotre

AVSNITT 17

text 4 🔘🔘 PÅ STUDIEFÖRBUNDET

Herr Eriksson vill lära sig att spela gitarr. Han ser en annons för studieförbundet ABC-kurser. Han går till studieförbundet för att anmäla sig till en kurs.

Herr Eriksson:	Goddag. Har ni några gitarrkurser?
Damen på studieförbundet:	Ja, det har vi. Här är vårt studieprogram. Gitarrkursen börjar den 31 januari. Avgiften är 75 kronor för tolv gånger.
Herr Eriksson:	Är det en nybörjarkurs? Jag kan inte alls spela gitarr.
Damen:	Ja, det är en nybörjarkurs.
Herr Eriksson:	Då vill jag anmäla mig till den. Jag skulle också vilja anmäla en **arbetskamrat** till en kurs i svenska för invandrare.
Damen:	Är han nybörjare?
Herr Eriksson:	Nej, han kan redan lite svenska. Finns det någon fortsättningskurs?
Damen:	Ja, vi har en fortsättningskurs. Den börjar den 23 januari.
Herr Eriksson:	Hur mycket kostar den?
Damen:	Alla kurser i svenska för invandrare är gratis. Och studiematerialet är också gratis.
Herr Eriksson:	Det låter bra. Kan jag anmäla honom nu?
Damen:	Ja, det går bra. Här är två anmälningsblanketter. Ni kan fylla i namn och adress och telefonnummer här.

STUDIEPROGRAM FÖR ABC-KURSER

kurs	dag	kl	börjar	adress	lärare	avgift
SPRÅK						
🇬🇧 Engelska för tekniker	onsd	15.00	24/1	Storgatan 3	J. Smith	120:—
Svenska för invandrare:						
🇩🇰 nybörjarkurs	må/to	18.45	22/1	Nytorget 11	E. Åman	gratis
🇩🇰 fortsättningskurs	ti/fre	20.00	23/1	Nytorget 11	A. Molin	gratis
Franska: Vi lagar fransk mat och						
🇫🇷 talar franska	tisd	18.00	30/1	Parkvägen 7	D. Dupont	85:—
MUSIK						
Vi spelar piano	månd	19.30	29/1	Nygatan 27	A. Berg	75:—
Vi spelar gitarr	onsd	14.00	31/1	Nygatan 27	J. Smith	75:—
TEKNIK						
Matematik I	torsd	18.45	25/1	Storgatan 3	B. Olsson	75:—
Matematik II	fred	20.15	26/1	Storgatan 3	G. Malm	75:—
Elektronik	fred	19.45	2/2	Nytorget 11	K. Vallin	100:—
Vi lär oss köra bil	torsd	19.15	1/2	Parkvägen 7	S. Fors	120:—

AVSNITT 18

A

Herr Ek arbetar nu.	Nu arbetar herr Ek.
Han är på kontoret till klockan fem.	Till klockan fem är han på kontoret.
Jag träffade honom i Lund.	I Lund träffade jag honom. Honom träffade jag i Lund.
Vi ska åka tåg till mormor och morfar på måndag.	På måndag ska vi åka till mormor och morfar. Till mormor och morfar ska vi åka på måndag.

B

Herr A frågar: Fru B svarar:

Arbetar din man nu?	Ja, han arbetar nu.
Ska ni åka till Boden?	Nej, vi ska åka till Luleå.
Vem bor där?	Min mormor bor där.
Vem ska du träffa?	Jag ska träffa min mormor.
Vad är det där?	Det är en present till min mormor.
Vad ska hon få?	Hon ska få ett grönt paraply.
Var bor hon?	Hon bor i Luleå.
När ska ni åka?	Vi ska åka klockan sex.
Hur ska ni åka dit?	Vi ska åka tåg dit.
Varför ska ni åka dit?	Vi ska åka dit för att träffa henne och hennes familj.

A

Eva har en bror. Han är lärare.	Eva har en bror, som är lärare.
Han ska åka till vår mormor. Hon bor i Luleå.	Han ska åka till vår mormor, som bor i Luleå.
Han har två flickor. De heter Åsa och Ylva.	Han har två flickor, som heter Åsa och Ylva.
Åsa köpte en bok. Den kostade 18 kronor.	Hon köpte en bok, som kostade 18 kronor.
Ylva vill ha ett paraply. Det är grönt.	Hon vill ha ett paraply, som är grönt.
Får jag låna Evas handskar? De ligger på bordet.	Får jag låna Evas handskar, som ligger på bordet?

sidan sjuttiofem

AVSNITT 18

Jag ringer till herr Asp. Vi ska träffa honom i morgon.	Jag ringer till herr Asp, som vi ska träffa i morgon.
Vad heter flickorna? Eva talar med dem.	Vad heter flickorna, som Eva talar med?
Han köpte tidningen. Hon läser den.	Han köpte tidningen, som hon läser.
Ser du paraplyet? Ylva köpte det igår.	Ser du paraplyet, som Ylva köpte igår?
Tyckte du om presenterna? Bo skickade dem i tisdags.	Tyckte du om presenterna, som Bo skickade i tisdags?

II B

Vad gör han? Vad läser han?	Han läser en tidning. Han läser att det ska bli kallare i morgon.
Vad gör han? Vad ser han?	Han tittar på tv. Han ser att det ska bli kallare i morgon.
Vad gör han? Vad hör han?	Han lyssnar på radio. Han hör att det ska bli kallare i morgon.
Vad gör han? Vad säger han?	Han talar om vädret. Han säger att det ska bli kallare i morgon.

II C

Han: Vad ska du göra? Hon: Jag ska åka till Eva.	Han frågar vad hon ska göra. Hon svarar att hon ska åka till Eva.
Han: Var bor Eva? Hon: Eva bor i Åmål.	Han frågar var Eva bor. Hon svarar att Eva bor i Åmål.
Han: Hur ska du åka till Åmål? Hon: Jag ska åka tåg dit.	Han frågar hur hon ska åka till Åmål. Hon svarar att hon ska åka tåg dit.
Han: När går tåget? Hon: Det går klockan åtta.	Han frågar när tåget går. Hon svarar att det går klockan åtta.

II D

Han: { Ska du åka till Åmål? / Bor Eva i Åmål? / Går tåget klockan åtta? }

Han frågar om { hon ska åka till Åmål. / Eva bor i Åmål. / tåget går klockan åtta. }

Han vill veta om { hon ska åka till Åmål. / Eva bor i Åmål. / tåget går klockan åtta. }

sidan sjuttiosex

AVSNITT 18

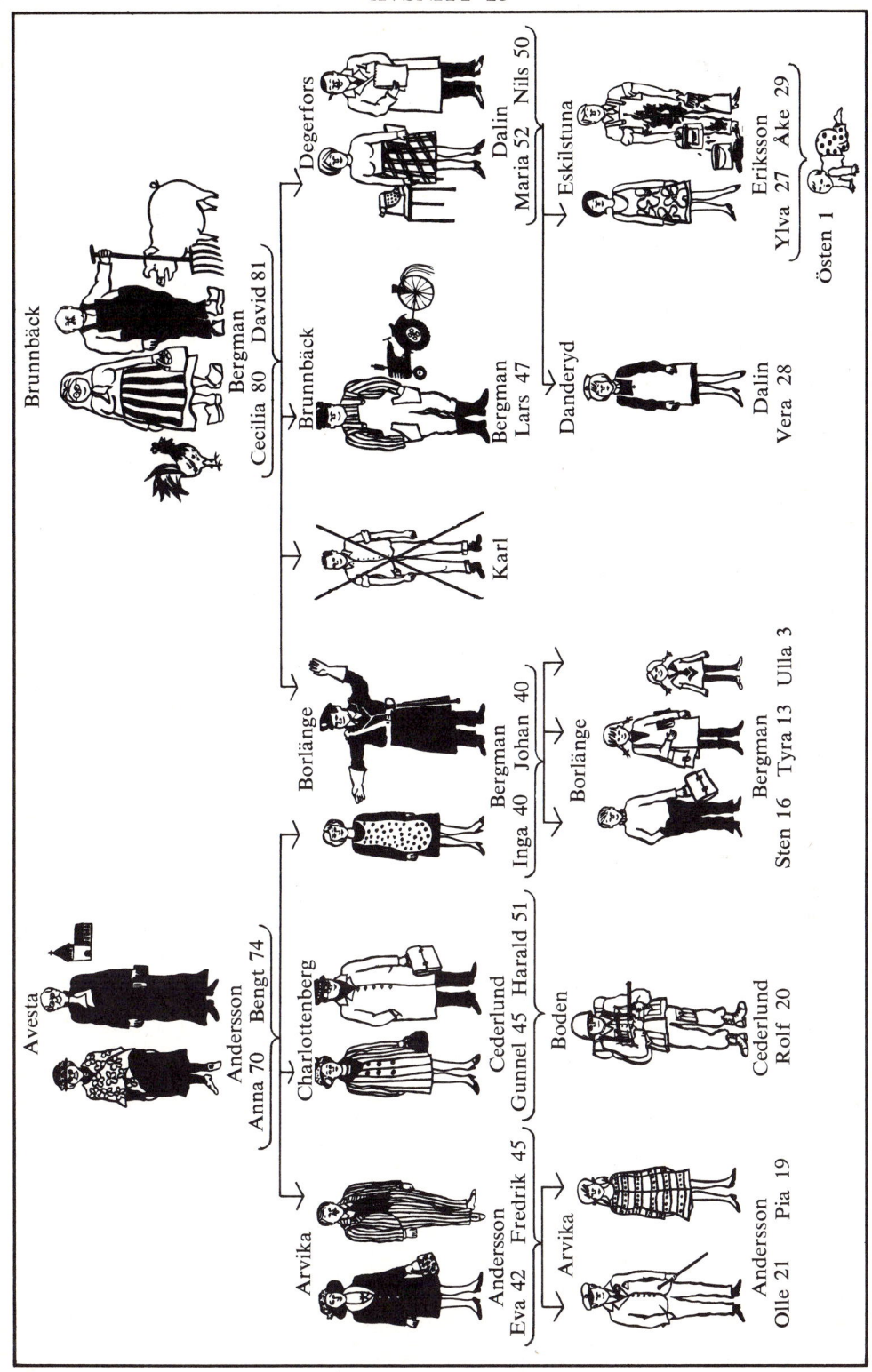

AVSNITT 18

text 1 🎧   MINA SLÄKTINGAR

Jag heter Tyra Bergman. Jag är tretton år och bor i Borlänge. Jag har två syskon, en bror som heter Sten och en syster som heter Ulla. Min pappa är polis.

Min mormor och morfar bor i en stad som heter Avesta. Morfar är präst.

Min farmor och farfar har en gård på landet. De har två grisar och en massa höns.

Mamma har en syster och en bror. Morbror Fredrik är lärare. Hans fru är lärarinna. Min moster Gunnel har en pojke som heter Rolf. Han är min kusin.

Pappa har också en bror och en syster. Farbror Lars hjälper farfar på gården. Faster Maria och farbror Nils har två barn och ett barnbarn.

text 2 🎧   ETT TELEFONSAMTAL

Fru Anna Andersson fyller sjuttio år den 3 december. Idag är det den 26 november. Fru Cederlund ringer till Fredrik Andersson.

G: Hej, det är Gunnel. Hur står det till med er?
F: Hej Gunnel. Jo tack, vi mår bara bra. Jag förstår att du ringer med anledning av mammas födelsedag.
G: Ja, just det. Ni ska väl också åka dit? Jag ska åka på torsdag och hjälpa mamma lite. Men Harald åker på lördag. Han frågar om ni vill åka med honom i bilen.
F: Ja tack, gärna. När åker han?
G: Vid sjutiden.
F: Det är bra. Då är han här mellan halv åtta och åtta. Hälsa Harald och tacka så mycket.
G: Ja, det ska jag göra. Vi träffas på lördag. Hej så länge.
F: Hej, hej.

sidan sjuttioåtta

AVSNITT 18

1 Arvika
2 Avesta
3 Boden
4 Borlänge
5 Brunnbäck
6 Charlottenberg
7 Danderyd
8 Degerfors
9 Eskilstuna

De 6 största städerna (kommunerna) i Sverige:

10 Stockholm
11 Göteborg
12 Malmö
13 Uppsala
14 Västerås
15 Örebro

De 3 största sjöarna i Sverige:

16 Vänern
17 Vättern
18 Mälaren

De 2 största öarna i Sverige:

19 Gotland
20 Öland

sidan sjuttionio

AVSNITT 18

svag vind	— det blåser bara lite, nästan inte alls
måttlig vind	— det blåser, men inte så mycket
västlig vind	— det blåser från väster
trafiksvårigheter	— det är svårt att köra
nederbörd	— regn eller snö

varning för halka

text 3 　　　　　　　　　DÅLIGT VÄDER

På fredagskvällen sitter Eva och Fredrik Andersson och tittar på tv. De ser väderprognosen:

" ... Bergslagsområdet och nordvästra Svealand: Svag till måttlig, västlig vind. Nederbörd i form av regn eller snö. Temperatur nära noll. Varning för halka och andra trafiksvårigheter."

Eva stänger av tv:n.

Eva: Det där låter inte bra. Är det inte bäst att vi åker tåg i morgon? Ska jag inte ringa till Harald?

Fredrik: Nej, det ska du inte göra. Harald kör bra. Vi åker med honom.

På lördagsmorgonen snöade det. Harald hämtade släktingarna i Arvika och körde till Avesta. Det var halka och snö hela vägen, och Harald kunde nästan inte se vägen. Han måste köra mycket sakta. Efter åtta timmar var de i Avesta.

sidan åttio

AVSNITT 19

A

Vad ska de göra om en timme? (= klockan fyra)	Nu är klockan tre. Vad gör de nu?	Vad gjorde de för en timme sedan? (= klockan två)
Hon ska sitta och dricka kaffe.	Hon sitter och dricker kaffe.	Hon satt och drack kaffe.
Han ska springa dit.	Han springer dit.	Han sprang dit.

B

Vad ska de göra snart? (= om några minuter)	Vad gör de nu?	Vad gjorde de nyss? (= för några minuter sedan)
Hon ska skriva ett brev.	Hon skriver ett brev.	Hon skrev ett brev.
Han ska stiga upp.	Han stiger upp.	Han steg upp.

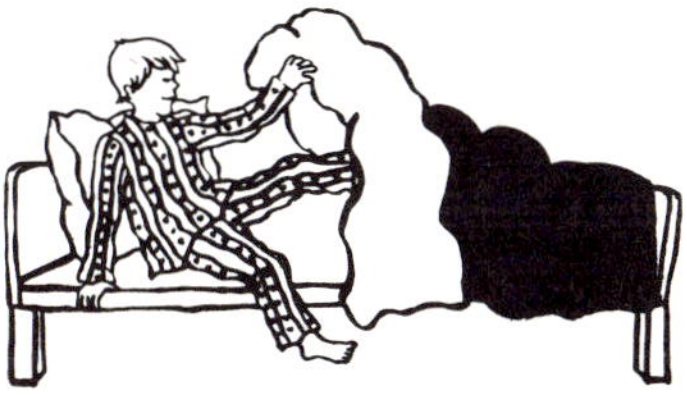

C

Vad ska de göra nästa vecka?	Vad gör de nu?	Vad gjorde de förra veckan?
De ska flyga till Paris.	De flyger till Paris.	De flög till Paris.

sidan åttioett

AVSNITT 19

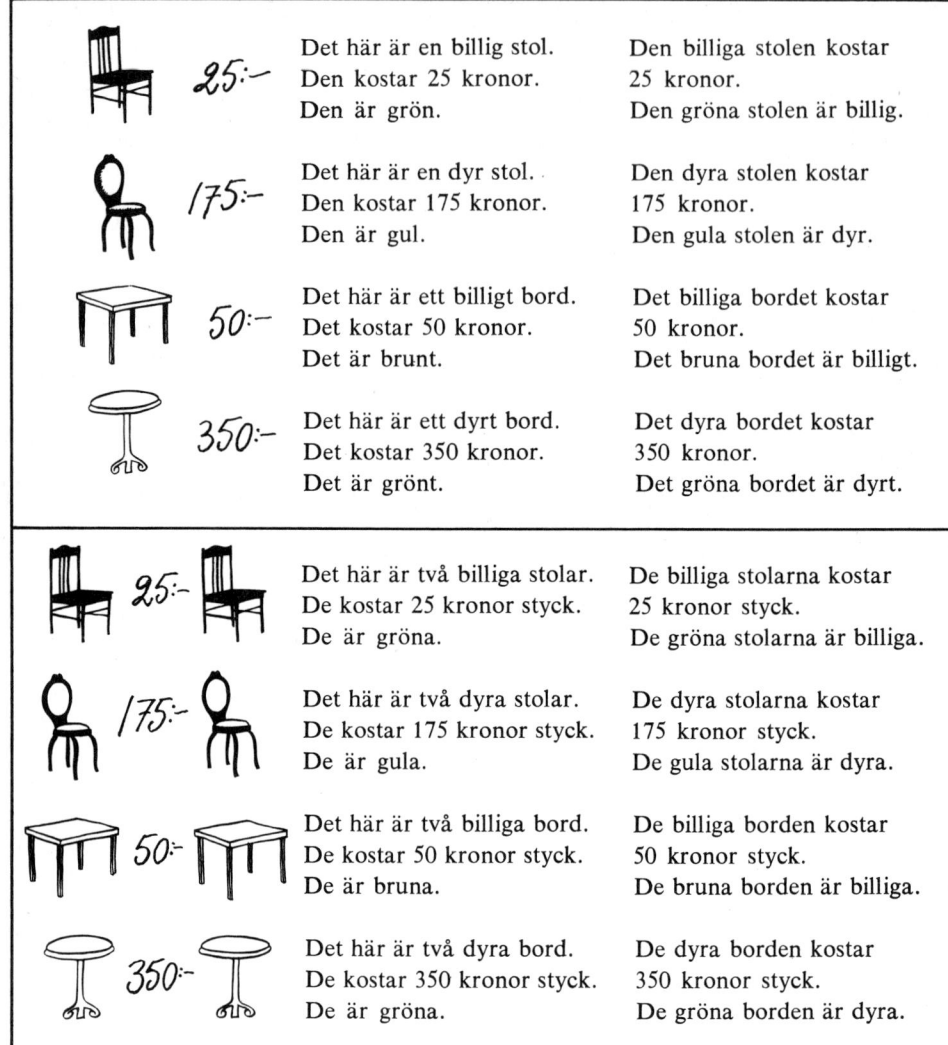

Det här är en billig stol.
Den kostar 25 kronor.
Den är grön.

Den billiga stolen kostar
25 kronor.
Den gröna stolen är billig.

Det här är en dyr stol.
Den kostar 175 kronor.
Den är gul.

Den dyra stolen kostar
175 kronor.
Den gula stolen är dyr.

Det här är ett billigt bord.
Det kostar 50 kronor.
Det är brunt.

Det billiga bordet kostar
50 kronor.
Det bruna bordet är billigt.

Det här är ett dyrt bord.
Det kostar 350 kronor.
Det är grönt.

Det dyra bordet kostar
350 kronor.
Det gröna bordet är dyrt.

Det här är två billiga stolar.
De kostar 25 kronor styck.
De är gröna.

De billiga stolarna kostar
25 kronor styck.
De gröna stolarna är billiga.

Det här är två dyra stolar.
De kostar 175 kronor styck.
De är gula.

De dyra stolarna kostar
175 kronor styck.
De gula stolarna är dyra.

Det här är två billiga bord.
De kostar 50 kronor styck.
De är bruna.

De billiga borden kostar
50 kronor styck.
De bruna borden är billiga.

Det här är två dyra bord.
De kostar 350 kronor styck.
De är gröna.

De dyra borden kostar
350 kronor styck.
De gröna borden är dyra.

Några nya ord till text 1

högertrafik	— Man kör till höger på vägen.
vänstertrafik	— Man kör till vänster på vägen.
gick	— Han ska gå till doktorn i morgon; han gick till doktorn igår också.
innan	— Först tittade han till höger. Sedan gick han över gatan. Han tittade till höger, innan han gick över gatan. Innan han gick över gatan, tittade han till höger.
cyklist	— en människa som åker cykel;
värk	— Han har värk i foten; han har ont i foten.
han sjukanmäler sig	— Han ringer och säger att han är sjuk.

sidan åttiotvå

AVSNITT 19

text 1 🔊   EN OLYCKA

Den 3 september 1967 gick svenskarna över till högertrafik. Man började köra till höger på vägen.

Men svenskarna var vana vid vänstertrafik. Många tittade till höger, innan de gick över en gata.

Fredagen den 13 oktober råkade Bo Ek ut för en olycka. Han var ledig från arbetet och var ute och promenerade. Han var på väg till en kusin, som bodde i Gamla Stan i Stockholm. Det är den äldsta delen av Stockholm, och det är inte så mycket trafik där. Bo gick och tittade på de fina gamla husen. Han gick över den smala gatan och tittade till höger. Men från vänster kom en cyklist. Han kunde inte stanna, utan körde på Bo. Både cyklisten och Bo föll omkull på gatan. Cyklisten klarade sig, men Bo hade otur och bröt högra armen. Han måste gå till sjukhuset.

Doktorn på sjukhuset undersökte Bo. "Hur bröt ni armen?" frågade hon, och Bo berättade om olyckan. Doktorn gipsade armen och sjukskrev Bo i fyra veckor. Bo fick också några tabletter mot värken, och doktorn skrev ut ett recept på hundra tabletter.

Hemma ringde Bo till arbetet och sjukanmälde sig. Han ringde också till försäkringskassan.

Efter fyra veckor var Bo frisk och kunde arbeta igen. Men nu tittar han alltid till vänster, innan han går över en gata.

sidan åttiotre

AVSNITT 19

Några nya ord till text 2

en läkare gör ett hembesök — En läkare kommer hem till en patient.
arvode — pengar som patienten betalar till läkaren;
arbetsgivare, arbetstagare — Arbetstagaren arbetar för arbetsgivaren; arbetsgivaren ger arbetstagaren pengar för arbetet.

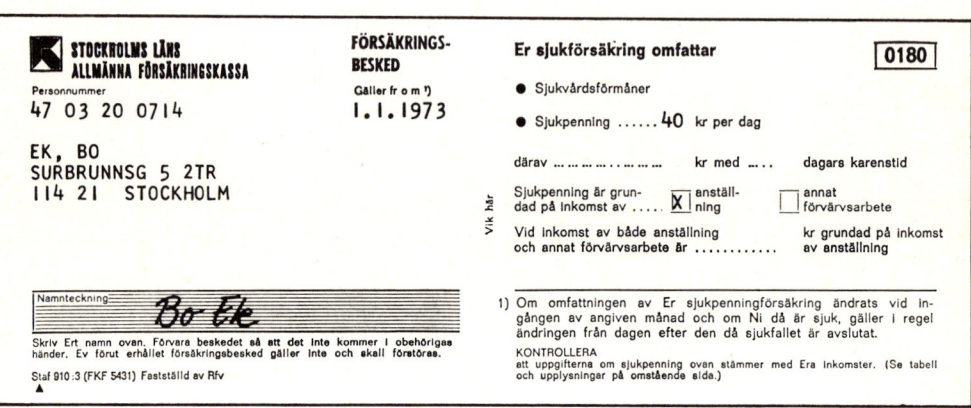

text 2 SJUKVÅRD OCH SJUKFÖRSÄKRING

Både utlänningar och svenska medborgare har rätt till sjukvård i Sverige.
Man kan få vård på sjukhuset, på läkarmottagningen och i hemmet.

Om man råkar ut för en olycka, är det bäst att åka till ett sjukhus. Om man känner sig dålig, kan man gå till en läkarmottagning. Om man har hög feber eller känner sig mycket dålig, är det kanske bäst att ringa till jourhavande läkare. Det är en läkare som kommer hem till sjuka, också på natten.

På läkarmottagningen och vid hembesök betalar man ett arvode till läkaren.

Svenska medborgare och utlänningar, som är bosatta i Sverige, kan vara inskrivna i försäkringskassan. Arbetsgivaren betalar en del av kostnaderna för försäkringen, arbetstagaren betalar den största delen, och staten betalar resten.

När någon, som är inskriven i försäkringskassan, blir sjuk, kan han eller hon få sjukpenning. Sjukpenningen är lägre än inkomsten av arbetet, men man behöver inte betala skatt på sjukpenningen (till 1974).

Hemmamakar är också inskrivna i försäkringskassan. De får den lägsta sjukpenningen. Om en hemmamake vill ha högre sjukpenning, måste han eller hon ha en frivillig försäkring och betala hela avgiften själv.

Försäkringskassan ersätter en stor del av kostnaderna för läkarvård och medicin, också för barn.

sidan åttiofyra

AVSNITT 19

Sjukpenningens storlek i olika inkomst-
lägen framgår av följande tabell:

Sjukpenning kr	Inkomst av förvärvsarbete uppgår för år	
	till kr	men ej till kr
6*	1 800	2 600
7	2 600	3 400
8	3 400	4 200
9	4 200	5 000
10	5 000	5 800
12	5 800	6 800
14	6 800	8 400
16	8 400	10 200
19	10 200	12 000
22	12 000	14 000
25	14 000	16 000
28	16 000	18 000
31	18 000	21 000
34	21 000	24 000
37	24 000	27 000
40	27 000	30 000
43	30 000	33 000
46	33 000	36 000
49	36 000	39 000
52	39 000	–

* "Hemmamakar" är också försäkrade för 6 kronor.
(Till 1974)

text 3   BARNEN ÄR SJUKA

Maria: 25 22 52.
Olle: Hej, det är Olle. Förlåt att jag stör er så här på morgonen.
Maria: För all del. Jag skulle ändå stiga upp och svara i telefonen.
Olle: Ja, ursäkta att jag ringer så här tidigt. Men jag behöver verkligen hjälp. Du förstår, tvillingarna är sjuka. Anna har 38,2, och Eva hostar och säger att hon har ont i halsen. De kan inte gå till daghemmet. Jag ringde och försökte få en barnvårdare, men det fanns ingen. Jag kan inte ta ledigt från arbetet, och Anita kan inte heller stanna hemma. Hon har sex lektioner i skolan idag, och det är redan svårt för henne att hinna allt. Och Anitas föräldrar är på landet, så de kan inte heller komma. Så nu undrar jag om du skulle kunna hjälpa oss. Har du tid att vara här idag?
Maria: Ja, det går bra. Det är klart att man vill hjälpa till. Hur dags ska jag komma?
Olle: Kan du komma genast? Vi måste gå om en timme, annars kommer vi för sent.
Maria: Ja, jag tar bussen direkt. Men jag måste få en kopp kaffe först, annars blir jag inte människa. Ja, då träffas vi om tre kvart. Hälsa barnen!
Olle: Ja, det ska jag göra. Och tack ska du ha för hjälpen.

sidan åttiofem

AVSNITT 20

Vad har de gjort?

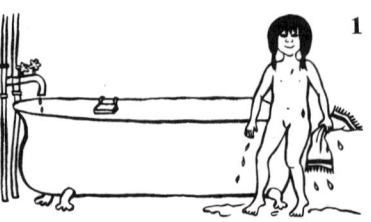

Hon har badat.

De har byggt ett hus.

Han har rökt en cigarrett.

Hon har sytt en klänning.

Han har druckit ett glas öl.

Hon har skrivit ett brev.

AVSNITT 20

Kan ni tala svenska? — Ja, det kan jag.
Är ni svarvare? — Ja, det är jag.
Har ni något arbete? — Nej, det har jag inte.
Ska ni inte stanna i Sverige? — Jo, det ska jag.
Vill ni ha arbete? — Ja, det vill jag.

Kunde han tala engelska? — Nej, det kunde han inte.
Var han italienare? — Ja, det var han.
Hade han varit här tidigare? — Nej, det hade han inte.
Skulle han stanna här? — Ja, det skulle han.
Ville han inte träffa mig? — Jo, det ville han.

Talar ni svenska? — Ja, det gör jag.
Bor ni i Stockholm? — Ja, det gör jag.
Tycker ni om potatis? — Nej, det gör jag inte.
Kommer ni inte i morgon? — Jo, det gör jag.

Arbetade hon igår? — Nej, det gjorde hon inte.
Tittade han på tv igår? — Ja, det gjorde han.
Ringde hon inte till honom? — Jo, det gjorde hon.
Skrev han något brev? — Nej, det gjorde han inte.

Har de varit i Sverige tidigare? — Nej, det har de inte.
Har de inte haft semester? — Jo, det har de.
Har de kunnat lära sig svenska? — Ja, det har de.

Har du redan talat med dem? — Ja, det har jag.
Har du bott länge i Sverige? — Nej, det har jag inte.
Har du inte skickat pengarna? — Jo, det har jag.

Hade hon inte varit sjuk? — Jo, det hade hon.
Hade de haft tid att gå dit? — Nej, det hade de inte.
Hade du velat stanna där? — Ja, det hade jag.

Hade han skrivit till henne? — Nej, det hade han inte.
Hade ni inte fått paketet? — Jo, det hade vi.
Hade hon träffat dem tidigare? — Ja, det hade hon.

sidan åttiosju

AVSNITT 20

VAD GJORDE HAN?	VAD HAR HAN GJORT?
Han kom till Sverige för några år sedan.	Han har varit i Sverige några år.
Han började arbeta på Janssons metallfabrik 1971.	Han har arbetat som svarvare hela tiden.
Han flyttade från Västerås till Uppsala förra året.	Han har lärt sig att tala svenska ganska bra.
Han reste till Finland i somras och hälsade på släktingar.	Han har rest till Finland varje år och hälsat på släktingar.

Några nya ord till text 1

anställd	— han är anställd på fabriken, han arbetar på fabriken;
ett jobb	— ett arbete;
en tjänsteman	— en människa som arbetar på ett kontor;
en landsman	— Mile är från Jugoslavien, Kiril är också från Jugoslavien. Kiril är landsman till Mile.
arbetslös	— han är arbetslös, han har inget arbete, han är utan arbete;
jobbade	— arbetade;
väldigt	— mycket.

text 1   ETT BESÖK PÅ ARBETSFÖRMEDLINGEN

Janssons metallfabrik är ett litet företag. Det har bara 25 anställda. De senaste månaderna har det inte gått så bra för fabriken. Nu måste företaget permittera fem anställda. Företaget har talat med arbetsförmedlingen, som ska hjälpa till att få fram nya arbeten. Mile Popovic är en av dem, som blir utan jobb. Han talar med en tjänsteman på arbetsförmedlingen, herr Gran.

Mile Popovic: Goddag! Mitt namn är Mile Popovic.
Tjänstemannen: Hej. Jag heter Åke Gran. Har du varit här på arbetsförmedlingen tidigare?
Mile Popovic: Nej, jag behövde aldrig gå hit. Jag fick jobb genom en landsman här i Sverige redan innan jag kom hit.

Herr Gran frågar efter Miles namn och adress och skriver ut ett besökskort.

Tjänstemannen: Du är alltså en av dem, som Janssons metallfabrik ska friställa?
Mile Popovic: Ja, det stämmer. Nu söker jag ett nytt jobb.
Tjänstemannen: Här är besökskortet. Ta med det varje gång du går till arbetsförmedlingen.
Mile Popovic: Ja, det ska jag göra.

sidan åttioåtta

AVSNITT 20

Tjänstemannen:	Är du med i någon arbetslöshetskassa?
Mile Popovic:	Ja, i fackets. Men jag jobbade tre månader, innan jag gick med i facket. Jag visste ju inte hur viktigt det var.
Tjänstemannen:	Hur länge har du varit med i fackföreningen nu då?
Mile Popovic:	Bara tio månader.
Tjänstemannen:	Det var ju synd, då måste du vänta två månader till, innan du får något från arbetslöshetskassan.
Mile Popovic:	Ja, jag vet. Men jag måste ju ha ett jobb, jag har inte råd att vara arbetslös.
Tjänstemannen:	Vi ska nog få fram ett arbete åt dig, innan du blir permitterad. Just nu finns det inget, men kom tillbaka nu på fredag. Har du arbetstillstånd?
Mile Popovic:	Javisst, det står här i passet. Varsågod!

På torsdag ringer herr Gran hem till Mile och berättar, att det kanske finns ett arbete i Göteborg. På fredag morgon kommer Mile tillbaka till arbetsförmedlingen och talar med herr Gran.

Tjänstemannen:	Jag ska skriva företagets namn och adress på ett anvisningskort åt dig.
Mile Popovic:	Tack, det var fint. Kan vi få något bidrag till flyttningen, om jag nu tar jobbet? Jag har familj, och det här kan ju bli väldigt dyrt.
Tjänstemannen:	Vi kanske kan hjälpa till med flyttningsbidrag, så det ska nog gå bra. Du kanske kan få startbidrag också.
Mile Popovic:	Vad är det?
Tjänstemannen:	Det är ett bidrag för mat och annat den första månaden, innan du har fått lön. Om det behövs, kan du och din familj också få ett utrustningsbidrag för det nya hemmet i Göteborg. — Här är ditt anvisningskort. Visa det för arbetsgivaren. Ta också med dig ett betyg från Janssons metallfabrik.
Mile Popovic:	Tack för all hjälp.
Tjänstemannen:	Ingen orsak. Lycka till med det nya jobbet!

Text: Agnete Hjorth och Åse Tiegs

Några nya ord till text 2

bjuda hem någon	—	säga att någon är välkommen på besök;
längta	—	Jag längtar efter kaffe = jag vill ha kaffe; jag längtar till Italien = jag vill vara i Italien.
flytta	—	Först bodde jag i Göteborg. Sedan bodde jag i Stockholm. Jag flyttade från Göteborg till Stockholm.
trivas	—	Jag trivs här. Jag tycker att det är trevligt här, och jag vill gärna stanna här.

AVSNITT 20

text 2 🎧   EFTER TVÅ ÅR I SVERIGE

Paolo är italienare. Han är arbetskamrat till Uno. Uno och hans fru Gun har bjudit hem honom på middag. De sitter vid bordet i köket.

Gun: Lite mera potatis?
Paolo: Nej tack. Men gärna lite mera ärter, tack.
Uno: Du tycker visst om grönsaker, du.
Paolo: Ja, det gör jag. Ibland längtar jag till Italien ...
Uno: Hur länge har du varit i Sverige?
Paolo: Jag har varit här i snart två år. Jag kom till Sverige för två år sedan i februari.
Gun: Tyckte du inte att det var kallt här?
Paolo: Jo, det gjorde jag. De första veckorna var svåra. Nu är jag van vid klimatet. Det är underbart på sommaren — en vecka eller fjorton dagar. Och Stockholm är vackert på sommaren.
Uno: Men du har inte bott i Stockholm hela tiden, eller hur?
Paolo: Nej, jag bodde i Västerås i åtta månader. Sedan flyttade jag till Göteborg och var där i ett par månader. Men där trivdes jag inte. Sedan flyttade jag till Stockholm och sökte jobb här. Och nu har jag bott här i nästan ett år.
Gun: Var det inte svårt för dig att få bostad här?
Paolo: Jo, det var det verkligen.
(Efter maten serverar Gun kaffe.)
Uno: Vill du ha någonting till kaffet? Lite konjak?
Paolo: Nej tack, inte i kväll. Annars säger jag inte nej till en konjak. Men jag ska köra bil hem.
Gun: Du har verkligen blivit svensk!
Uno: Ja, det har du. Och du talar verkligen bra svenska också. Hur har du lärt dig svenska så bra?
Paolo: Jag var med i en studiecirkel och lyssnade på en radiokurs. Den hette visst Svenska för oss.

sidan nittio

HÄR KAN NI ANTECKNA:

svenska för er

Svenska för er 1
nybörjarkurs

en lärobok

Svenska för er 2
fortsättningskurs

en lärobok

en övningsbok

en övningsbok

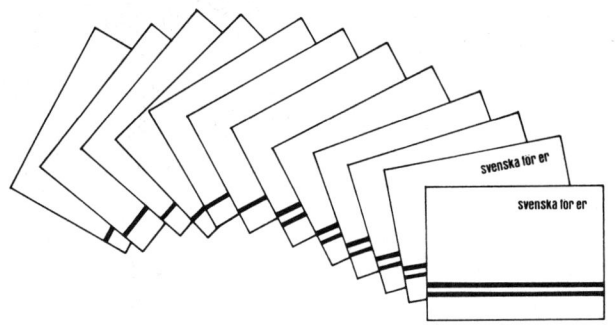

en ordlista
(på 14 språk)

en ordlista
(på 14 språk)

8 ljudband/
4 kassettband

7 ljudband/
4 kassettband

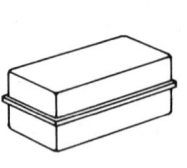

Till del 1:
en ljud/diabildserie
(104 diabilder + 2 ljudband)